横内大介
大槻健太郎
青木義充
[著]

はっきり
わかる
データサイエンス
Data Science and
Machine Learning
と
機械学習

近代科学社

まえがき

　昨今のビッグデータ活用のブームにより，データサイエンスや機械学習のようないわゆるビッグデータと親和性の高い学問や技術に対して世間の注目が集まるようになりました．特にビッグデータを用いた AI（人工知能）開発に対する注目は非常に高く，自動車メーカーが開発している自動運転用途の AI や IT 企業が開発した囲碁や将棋の対局 AI のように，実社会の中でもさまざまな分野で AI の実装が試みられています．

　現在開発されている AI のほとんどは，特化型人工知能とよばれる，ごく限られた特定の目的に対して知的判断を行う AI です．そして，その判断をプログラム化するためにしばしば用いられる技術が，主に本書の 3 章以降で取り上げる機械学習です．機械学習で作られた AI は，適切なチューニングを行うことで飛躍的な正答率を与えることが知られています．Google 社が開発した Alpha Go などはこの機械学習の集大成であり，もはや人間の棋士は誰もかなわないであろうと言われています．

　しかしながら，機械学習で得られた AI の頭脳は，人間がほぼ理解できない複雑なネットワークやアルゴリズムになっています．そのため，どうしてもブラックボックス化してしまいがちです．説明責任が求められる金融機関や医療現場などでも AI 化が盛んに叫ばれていますが，結局はブラックボックス化してしまうために試作の域を出ず，重要な作業での AI の実用化はあまり進んでいないのが現状です．

　このような状況を踏まえ説明責任を果たせる AI，つまり XAI(eXplainable AI) を実現する方法が各所で議論されるようになりました．このことは 2019 年 6 月に大阪で開かれた G20 でも議論され，採択された「人間中心の AI 社会原則」の中にも AI の説明責任に関する項目が盛り込まれました．

　このような説明責任を重視する流れの中，実務の世界でにわかに注目され始めてきたアイデアの 1 つが，いわゆる旧来の意味でのデータサイエンスの概念に基づいて作るモデルの活用です．データサイエンスは本来，マシンパワーに依存してデータにフィットするアルゴリズムを探す技術ではありませ

ん．探索的データ解析とよばれる非常に丹念なデータ分析を通じて，データの背景にある現象を統計モデルで表現することがその目的です．得られた統計モデルの構造はまれに複雑になることもありますが，それでも人間が理解可能な範疇にすべてが収まります．このメカニズムが理解可能なモデルを AI の頭脳としてそのまま活用すれば AI の透明化が実現できるというわけです．

　本書の前半（第 1 ～ 2 章）はこの本来のデータサイエンスの考えに基づくモデリングを実例を通じて紹介していきます．そして，本書の後半（第 3 ～ 5 章）は，AI を作る上でも重要な基礎知識である機械学習法の代表的な手法を紹介し，ソフトウェア上での実行方法を示します．付録では，本編の計算で用いる統計ソフトウェア R のインストール方法や数学についての補足説明を行っています．

　データサイエンスによるモデリングと教師付き機械学習を取り上げた第 1 章から第 3 章の内容は，一橋大学大学院経営管理研究科で著者代表が担当している講義「データサイエンス概論」の講義資料にもとづいて執筆いたしました．この講義は一橋大学ビジネススクールに設置されている科目であり，文系出身者でも多少の数学を勉強すれば理解できるような内容になっています．言い換えれば理系出身者でデータサイエンスや機械学習に精通している人には，内容が少し物足りないかもしれませんが，その点についてはなにとぞご容赦いただければ幸いです．また，この講義では教師なし機械学習とニューラルネットワークはほぼ扱ってこなかったので，今回の書籍化にあたり，第 4 章の教師なし機械学習法についての執筆を (株) QUICK の大槻健太郎氏，第 5 章のニューラルネットワークについての執筆を (株) エフビズの青木義充氏に，それぞれご担当していただきました．なお、本書には問題がいくつか出題されており，その解答は近代科学社サポートページ[1]に掲載する予定です．

　本書の企画立案は実に 2016 年 にまで遡りますが，著者代表の極度の遅筆が原因で，まとめるまでに 4 年以上もの年月が経過してしまいました．辛抱強く待っていただいた近代科学社の小山透氏には，この場を借りて厚くお礼申し上げます．また，仕事ばかりで不十分な家族サービスしかできなくても，不平を一つ言わずに我慢してくれた著者らの家族にも深く感謝する次第です．

　本書を通じて，データサイエンスと機械学習の雰囲気を少しでも体験していただけたら，著者らとしては望外の喜びです．

[1] www.kindaikagaku.co.jp/support.htm

2020 年 3 月

著者代表　横内　大介

目　次

3 教師あり機械学習の基礎

4 教師なし機械学習の基礎

5 ニューラルネットワーク入門

A 本書の付録

1 データサイエンス入門

本章ではデータをトータルに科学するデータサイエンスのコンセプトについて紹介します. 機械学習に代表されるデータエンジニアリングと混同されがちなデータサイエンスですが, なぜを追求するというサイエンスの目的を明確にすると, データに対する 2 つの学問の姿勢の違いが明確に浮かび上がってきます.

1.1 データにもとづく帰納的な推論

IT の技術革新により, 個々の企業が安価でシステムを構築し, ビッグデータを保存できるようになりました. 個別の企業でも容易にデータがためられるようになった一方で, 次々とたまっていくデータから新たな知見の発見や意思決定をすることが現場に求められるようになりました. この社会のニーズはデータに基づいた推論にほかならず, 演繹 (deduction) と帰納 (induction) の概念に密接に関連しています.

演繹とは「一般的な法則」から個々の事実や命題を推論すること, 帰納は個々の事実から「一般的な法則」を導き出すことを指します. ニュートンの自由落下運動の法則を例に挙げて説明しましょう. 自由落下運動の法則は変位を $y\,(\mathrm{m})$, 重力加速度を $g = 9.8\,(\mathrm{m/s^2})$ とすると

$$y = \frac{1}{2}gt^2$$

とあらわされます. これが「一般的な法則」に相当します. この一般的な法則を利用すれば, 19.6 メートルの高さにあるリンゴの実が落ちてから地面に到着するまでの時刻（これが個々の事実）は $t = \sqrt{\frac{19.6}{2 \times 9.8}} = 1\,(\mathrm{s})$ と推定できます. この作業が先の演繹に相当します. 一方, 自由落下運動の法則という「一般的な法則」が未知だとします. そして, リンゴの高さ y と落下時間 s

を複数回計測したデータ $(h, s) = (19.6, 1), (9.8, 0.707), \ldots$ が手元にあったと
します．このデータを用いて自由落下運動のような「一般的な法則」を推定
する作業が帰納です．

昨今の社会のニーズは，多様なデータのうちの様々な変量の間に存在する
何らかの規則を見つけ，それを解釈したりシステムに応用することで社会的
な利益を得ることです．この規則の発見は，先の例でいえば自由落下運動の
法則の発見に相当しますので，帰納ということになります．また，規則を解
釈したりシステム化して利用することは，一般的な法則にもとづいた演繹と
いうことになります．

例に挙げた運動の法則のような普遍的な法則をデータから発見し，その存
在を証明することは困難なので，実務的な目的であれば，数理的なモデルや
アルゴリズムを持ち出して，手元にあるデータをもっともよく説明する「局所
的な法則」を構築し，一般的な法則の代わりとして利用することになります．

本書では，この「局所的な法則」を帰納的に構築するための代表的な方法
として，データサイエンスのサイクルを意識して構築する方法と，機械学習
にもとづくコンピュータインテンシブなやり方の 2 つを紹介します[1]．後の
章で説明するように両者の根本的なコンセプトは大きく異なっているのです
が，データから意味のある規則や分類のための基準を取り出して統計モデル
やアルゴリズムとして捉えるという手順自体は共通していますし，どちらの
手法でも得られたモデルやアルゴリズムを用いれば予測が可能です．

次節ではこの 2 つのコンセプトの違いをエンジニアリングとサイエンスと
いう視点から整理したいと思います．

[1] 特に「機械学習」は AI 開発におけるコアな技術として使われているので，機械学習という言葉自体を，コンピュータに人間同様の学習能力を獲得させる技術という意味で使っている人もいます．

1.2　エンジニアリングとサイエンスの違い

エンジニアリング とはいわゆる工学のことです．工学は「未だ存在しない
状態やもの」をなんらかの技術でシステムとして実現することを目的としま
す．言い換えれば，設定した目的を正確に達成する仕掛けの構築が主要課題
です．一方，サイエンスは科学を指します．「既に存在している状態がなぜ起
きたのか」という理由を解明することが目的です．

現在，実務の世界で注目を集めている AI（Artificial Intelligence，人工知
能）は，多くの場合で「未だ存在しない状態やもの」を実現するために作ら
れていますので，主にエンジニアリングを専門とする学術機関やIT 企業で盛

んに研究，開発がなされています．たとえば，人間よりも強い将棋や囲碁の棋士を目指す AI や株価を正確に予測できることを目指す AI などがメディアで取り上げられていますが，これらの AI は「常に人間に勝つこと」,「正確に株価を予測すること」という目的の実現を最優先して構築されます．そのため，データの裏側にある現象のメカニズムの解明は目的外にされることになります．AI は主に**データサイエンティスト** (data scientist) と呼ばれる人たちが作っていますが，その開発姿勢はまさにエンジニアリングをのものであり，本来は**データエンジニア** (data engineer) と呼ばれるべきだと著者は思っています[2]．

　AI を作る人間の多くが実際はデータエンジニアだとするならば，データサイエンティストとは具体的に何をする存在なのか，よく分からなくなってしまいそうです．ですが，もちろんデータサイエンティストには明確な役割が与えられています．データサイエンスの目的は，データを「既に存在している状態，現象」の代理とみなし，どのようなメカニズムでその状態，現象が発生したのかを解明することにあります．つまり，「なぜ その状態，現象が起こったのか」をその代理であるデータから追求するスペシャリストがデータサイエンティストです．

　このようなエンジニアリングとサイエンスの違いを踏まえると，ディープラーニングなどに代表される機械学習法で作られた AI は，多くの場合，エンジニアリングの産物ということになります．マスメディアでもよく取り上げられている囲碁や将棋の AI は，プロをも凌駕する良い手を打つということはよく知られた事実です．しかしながら，実は「なぜ」その手を打ったのかまではよく分かりません．このことは，機械学習における目的設定の仕方に起因しています．機械学習法では，常に正答する学習器（将棋の次の一手を選択するプログラムだと思ってください）を作ることが目的なので，解釈が困難なカーネルの導入や多層化したネットワーク，大型な計算機群が積極的に導入されます．それゆえ，たくさんのデータを学習させることで正答率は上がりますが，システムそのものの構造は複雑になっていく一方なので，人間が理解することはまず不可能な状態になってしまいます．もちろん，構造を理解できなくても利用価値が高いシステムはあるので，この欠点だけで機械学習による AI が使えないということにはなりません．実際，囲碁，将棋の AI が生み出す棋譜は，その導出理由が分からなくても，プロや一流のアマチュアがその価値を理解し新たな戦法として昇華できれば，この機械学習で作られた AI は大変有益な仕事をしたことになります．しかしながら，特定

[2] データベースの操作に卓越した技術者を「データエンジニア」と呼ぶ風習があるので，区別のために「データサイエンティスト」と呼んでいるという側面もあるのだと思いますが，著者は前者を「データベースエンジニア」と呼ぶことで呼称の矛盾は解決できると考えています．

の分野の実務において，システムの動作を正確に説明できないと問題になってしまうこともまた事実です．

　株式のトレーディングをする AI をデータエンジニアリングのアプローチのみで作成することを考えます．正答率が非常に高い AI は人知を超えたトレーディングを実現できるかもしれませんが，そうはいっても株式投資ですからいくら AI でも常に投資を成功し続けることはありえませんので，いつかはクライアントに負債を発生させることになります．負債額が小額であればそれほど問題にはなりませんが，それなりに高額になれば失敗した理由をクライアントに説明する必要がどうしても出てきます[3]．しかしながら，エンジニアリングのみで作った AI ではそれを説明する術はありません．この種の AI のブラックボックス化に由来する問題は，この例の投資の失敗に限らず，手術や移植の判断，自動運転における交通事故などにもあてはまるでしょう．このブラックボックス化の問題は「なぜ，このような投資判断をしたのか」や「なぜ，AI は事故を起こすハンドル操作をしたのか」ということが分かる，ある種の AI の透明化[4]が実現すれば解決できます．つまり，「なぜ」の解明をするサイエンスの視点を盛り込んで AI を作ればよいということとなります．

　データサイエンティストは，通常，人間が解釈可能な統計モデルを用いてメカニズムを表現することを目指します．ディープラーニングなどに代表される機械学習法もデータを使うという観点から言えば統計モデルの一種ではあるものの，学習結果において変数間の関係が明示されない，もしくは複雑になってしまうことが多く，データ発生のメカニズムを解釈することが困難になってしまうのでほぼ用いられません．そして，データエンジニアリングとの一番の違いは，統計モデルをいきなりデータに適用しないということです．通常は Tukey が提唱した探索的データ解析と呼ばれる考えに基づいて，対話的にデータを浄化，ブラウジングしつつ，**変量** (variate) や統計モデルの選択を繰り返し試みます．なお，変量とは観測対象において変動する量のことを指します．数学における**変数** (variable) は，単に変化する値を記号で表しているだけで観測対象は存在していません．

　データサイエンスのアプローチで得られたモデルは変量間の関係が明示的になっている関数の形で表現されます．関数に入力すれば応答が返ってきますので，モデルはときに AI そのものとして転用することも可能です．データの増大にあわせて繰り返しフィッティングを行えば逐次学習ができますし，変量の関係が明らかになっていますので透明化もできます．ただし，モデル

3)
もし正当な理由を説明できなければ，クライアントから訴えられた場合に対処できないでしょう．

4)
ブラックボックスとの対比でホワイトボックスという言い方をすることもあります．

構築にかかる時間とモデルの性能は，データサイエンティストの腕に大きく依存してしまうという問題点があります．加えて，AI の重要トピックの 1 つである「推論」は実装可能なものの，たとえば「創造」という動作は実装できません[5]．ですので，著者らは 2015 年ごろからこのようなアプローチで作った知的システムを機械学習で作った AI とは明確に区別して，説明可能な AI，ホワイトボックス型 AI，データサイエンスによる推論エンジン（略してデータサイエンスエンジン）などと呼んできました[6]．最近では海外でもこのような説明可能な知的システムの作り方が議論になりつつあり，しばしば **XAI** (eXplainable AI) という名前が付けられているようです．

2019 年 6 月に大阪で開かれた G20 では，人間中心の AI 社会原則が採択され，その中で「AI の判断に対して企業が説明責任を持つ」という項目が掲げられています．説明責任が重要視されるようになれば，当然，データサイエンスによるアプローチが重要になってくると想像されます．現在のようなエンジニアリング重点の AI 開発ではそういったニーズに対応できなくなるので，サイエンスの視点を持ったデータサイエンティストの育成が日本企業の大きな課題となっていくと思われます[7]．

1.3　データリテラシー

XAI の開発やデータ分析を通じて新たな発見をするために重要なことの一つは，利用するデータの背景情報を正しく理解することです．背景情報不足でデータを正しく理解できなければ，データ分析が進まないことはもちろんのこと，単純なデータベース利用にもしばしば障害が発生します．たとえば「金」というラベルの付いた 1000, 1100, 1070, ... という数値の並びだけがあったとき，このデータの意味を理解できる人はおそらくいないでしょう．また，パスカル秒と書かれてもそれがどのような単位なのか理解している人は多くないと思います[8]．このようにデータの利活用を促進するためには，十分な背景情報をデータに書き加えることやデータの意味するところを正確に理解する読解力が要求されます．本節では，この**データリテラシー**（データの読み書き能力，data literacy）を身に着けるうえで最低限必要な事項をいくつか取り上げます．

[5] もしかしたら私が知らないだけかもしれませんが．

[6] 著者の一人は，この説明可能な AI を作る事業の立ち上げ (2017 年，株式会社アナザーウェアデータサイエンス事業部) に協力しました．

[7] データサイエンティストの育成は R や Python による統計プログラミングができる IT 人材や統計学を理解している人材を育成することではありません．

[8] 著者がはじめて見たときは，何の単位なのか全くわかりませんでした．ちなみにこれは粘度の単位です．

▌1.3.1　矩形データ

　この項ではデータ分析やに頻繁に用いられる矩形データの記述形式を取り上げます．矩形データ[9]とは，数値や文字列などのデータを表の形で配置するデータを指します．代表的な矩形データはリレーショナルデータ (関係形式データ, relational data) とアレイデータ (配列形式データ, array data) です[10]．

　リレーショナルデータは E.F.Codd が提案したリレーショナルデータベースシステム (relational database system) の基本をなすデータ形式です．単にリレーションと呼ばれることもあります．リレーショナルデータを集合を使って表現すると，各変数のドメイン（定義域, domain）$D_1, D_2, \ldots D_p$ の直積集合の部分集合

$$R \subset D_1 \otimes D_2 \otimes \cdots D_p$$

となります．この R がリレーションを示す集合です．この数式だけを見てもリレーショナルデータの具体的なイメージが沸かないと思いますので，例として統計学や機械学習の教科書でよく取り上げられるフィッシャーのアヤメデータ，通称アイリスデータを用います．統計ソフトウェア R の標準データセットになっているアイリスデータは，3 種類のアヤメのがく片の幅と長さ，花弁の幅と長さについて，それぞれ 50 個ずつ，計 150 個について計測した結果が収められています．3 つの種類はそれぞれ，Setosa, Vergicolor, Virginica という品種になります．ドメインはそれぞれ，

$$D_1 = \{\text{アヤメのがく片の幅の計測値}\}$$
$$D_2 = \{\text{アヤメのがく片の長さの計測値}\}$$
$$D_3 = \{\text{アヤメの花弁の幅の計測値}\}$$
$$D_4 = \{\text{アヤメの花弁の長さの計測値}\}$$
$$D_5 = \{\text{アヤメの品種}\}$$

であり，それぞれのドメインから 1 つの値を取り出した組がアヤメの花の 1 つの観測に対応します．無数にある組み合わせのうち，実際に観測された記録の集合がリレーション，つまりリレーショナルデータということになります．

　実際のアイリスデータが，表 1.1 になります．個体識別子である ID を加えてはいますが，各記録はそれぞれ D_1 から D_5 の直積の要素になっています

9)
英語の文献中ではしばしば **rectanglur data** と呼ばれています．

10)
非矩形データにはネットワークやリストとよばれる形式があります．データ分析や AI 開発ではあまり用いない形式なので本書では取り上げませんが，詳しく知りたい読者は『データリテラシー』柴田 (2001) [8] を参照してください．

表 1.1　アイリスデータ

ID	がく片の長さ	がく片の幅	花弁の長さ	花弁の幅	品種
1	5.1	3.5	1.4	0.2	setosa
2	4.9	3.0	1.4	0.2	setosa
⋮	⋮	⋮	⋮	⋮	⋮
149	6.2	3.4	5.4	2.3	virginica
150	5.9	3.0	5.1	1.8	virginica

ので，これはリレーショナルデータになっていることがわかります．なお，こ
のようなリレーショナルデータのうち，内容が関連しているリレーショナル
データを 1 つに集めたデータベースのことを**リレーショナルデータベース**と
呼びます．

　リレーショナルデータの定義を見てもわかるように，すべての値が等しい
観測記録が複数存在するとそれらは集合上で同一の点を示しますので識別不
可能です．このような事態はデータの追加が頻繁に行われる現場ではしばし
ば生じるため，いわゆる ID のような個体識別子を与えて問題を回避するケー
スが実務でもよく見られます．しかしながら，リレーショナルデータを用い
てデータを蓄積していく場合，もし ID を与えなければ同一記録が生じてしま
う可能性があるならば，それはデータベース設計が不十分であると考え，新
たなドメインの追加を検討することが望ましいと言われています．

　アレイデータは，一口に言ってしまえばプログラミング言語で使われる連
想配列と同じ概念です．数式で書けば

$$\{X_{i_1}, X_{i_2}, \ldots, X_{i_n}\}$$

となります．ここで i_k は複数の条件を示す補助変数のベクトルです．条件が
決まると値が 1 つに定まるという関係があることが特徴です．この配列の表
として表現する方法は様々あります．たとえばアイリスデータの場合は，ID，
品種の値，測定部位（がく片の長さ，がく片の幅，花弁の長さ，花弁の幅）と
いう条件が決定すれば値が定まるという構造をしていますから，品種の値を
固定し，ID と測定部位を 2 軸にしたテーブルを 3 枚作ることが多いです[11]．
一方で，測定部位のドメインは厳密にいえば「がく」の「長さ」のように 2 つ
の条件が複合になっていることから，それらを新たに「測定部位」と「測定方
向」に分離すれば，ID，品種，測定部位，測定方向の 4 つの条件を決めるこ
とにより，測定値が定まるという配列を作ることができます．表 1.2 は 2 つ

11)
R では iris3 というデー
タとして収録されていま
す．

表 **1.2** アレイデータ形式のアイリスデータ

ID	品種	測定部位	測定方向	測定値
1	setosa	がく片	長さ	5.1
1	setosa	がく片	幅	3.5
1	setosa	花弁	長さ	1.4
1	setosa	花弁	幅	0.2
⋮	⋮	⋮	⋮	⋮
150	virginica	がく片	長さ	5.9
150	virginica	がく片	幅	3.0
150	virginica	花弁	長さ	5.1
150	virginica	花弁	幅	1.8

の情報が複合していた測定部位のドメインを分離して，新たに配列形式に変換したデータです．各行に注目すると，ID，品種，測定部位，測定方向という条件が定まって，1 つの測定値が決まるという構造をしていることがわかります．お気づきの読者も多いと思いますが，原理的にはこのアレイデータもリレーショナルデータの一種と考えることができます．強いて言えば，条件とそれに伴う測定値（もしくは観測条件と観測結果）というドメインの役割が明確になっているリレーショナルデータがアレイデータということになろうかと思います．

1.3.2 ドメインとデータベクトルの属性

表 1.1 の 1 つの列である「花弁の長さ」は，花弁の長さというドメインから観測というサンプリングを経てデータベクトルになったとみることができます．この項では，データの利活用を促進するために必要なドメインの属性とドメインから生まれたデータベクトルの属性について紹介します．

ドメインが持つ属性とは，観測開始前から与えられるデータ分析に有益な情報のことです．

- **名前**．人間が読んでわかる名前 (Long Name) とプログラム等で用いる名前 (Short Name) の 2 種類は与えておくとよい．
- **説明**．ドメインに関する説明を文章として記述しておく．
- **データ型**．数値型，文字型といった計算機上の区別のような分析にあまり役に立たないデータ型ではなく，分析に貢献するデータ型を定義し与えて

おくとよい．測定値を示す計測型，数え上げを意味する計数型，形式的に与えられた添え字や ID を示すインデックス型，順位，順序を示す序数型．大中小のような分類をあらわす類別型，TRUE，FALSE などの論理を与える論理型など．

- **単位**．加えて必要に応じてその説明を与える．
- **定義域**．データが取りうる範囲．
- **水準**．データ型に類別変量が与えられた変量において，分類の種類を与える属性．
- **尺度**．比尺度，間隔尺度，順序尺度，名義尺度など．

これらの属性情報のいくつかはデータの観測のチェックなどにも積極的に活用できます．たとえば，事前に定義域が与えられていれば，それを外れた値を記入した場合，記入ミスであることはすぐにわかりますし，水準も同様の使い方ができるでしょう．

次の情報は観測をしてはじめて分かるデータベクトルの属性です．観測中および観測後にデータベクトルに付与すべき情報になります．

- **長さ，要素数**．文字通りデータベクトルの長さ．日々データが追加されるようなケースでは与えるべきではない．
- **欠損**．通常は NA (Not Available) と記しておく．空欄等を欠損として使う場合は明示的に説明を残しておく．加えて，各欠損値ごとに記入忘れ，回答拒否などの欠損の種類も与えておくとよい．
- **無効**．記録された値はあるものの，それが信頼できない値であることを示す．理由まで残しておくとよい．
- **変換**．観測した値ではなく変換した値を記録していること示す．どのような変換を行ったか記しておくとよい．

欠損，無効などの情報は補間するのかそれとも記録ごと削除するのかを判断するときに大変重要な判断材料になります．また，長さの情報も，手違いによる記録の消失や追加を判断するときに利用可能です．金融データなどでは年利換算や配当込みの計算など様々な変換が行われているので，変換に関する情報はデータを理解するためには大変重要になります[12]．

12)
著者がよく触っている金融データの場合，配布しているデータベンダーに変換方法を問い合わせても，回答できないと言われることがたまにあります．お金が密接に関わっているからか，それとも企業秘密なのか，いずれにしても科学的なアプローチが大変難しい分野です．

▌1.3.3 リレーショナルデータの属性

1 枚の矩形データであるリレーショナルデータに対しても十分な情報を属性として与えておくこともデータ分析では重要です．名前や説明の情報はリレーショナルデータでも重要なことはすぐに理解していただけるかと思います．また，前項では表 1.2 のアレイデータにおいて，各ドメインに観測条件と観測結果という役割が与えられていることを示しました．これは見方を変えれば，説明変数と被説明変数と読み替えることも可能です．このような情報は次節でおこなうモデル化でも重要な役割を果たします．そこでここでは，リレーショナルデータそのものに与えるべき属性と，リレーショナルデータを構築したことで生まれたドメイン同士の関係を示す属性を取り上げます．

まずはリレーショナルデータそのものに与えるべき属性

- **名前**．人間が読んでわかる名前 (Long Name) とプログラム等で用いる名前 (Short Name) の 2 種類は与えておくとよい．
- **説明**．ドメインに関する説明を文章として記述しておく．
- **観測対象**．リレーショナルデータが表すオブジェクト．たとえば表 1.1 であれば「アヤメの花」であり，表 1.2 であれば「アヤメの花を構成する部位」である．

実務では，使えそうだと思われる情報をとりあえず 1 つにまとめているデータベースをよく見かけますが，データ分析者の視点から見ると，必ずしも情報が多いデータベースのほうがデータ分析しやすいとは限りません．分析する対象である観測対象がはっきりしていれば，それを構成するドメインも明らかになるので，必要なデータと不要なデータの区別が明確になります．同一プロジェクト内において，プロジェクトリーダー，データベースを構築するエンジニア，データ分析者の 3 者が正確に観測対象のイメージを共有することは，プロジェクト運営，データベース構築，データ分析，いずれの作業についても効率化できることを意味します．実際，もしプロジェクトの目的が「アヤメの花」の分類であれば，表 1.1 のリレーショナルデータが採用されるはずです．しかしながら，もし観測対象の認識が共有されていないと，いわゆるリレーショナルデータベースの正規化の理論[13]を正しく理解しているデータベース技術者は間違いなく表 1.2 の形式のデータベースを用意するでしょう．

以下は，データの組織化によって生じたドメイン同士の関係の代表的な例

13) 非正規形，第 1 正規形から第 5 正規形および第 3 正規形の発展であるボイス-コッド正規形があります．詳しくは *"Introduction to Database Management System"*, C.J Date(2003) [3] を参照してください．

です．いずれもデータ分析をする上では重要なヒントになります．

- **基数系**．日時，緯度経度，極座標系，RGB 系（色）などの情報を示すドメインの組．
- **キー**．記録を一意に定めるドメインないしドメインの組．

年月日や緯度経度などのように多くの基数系はけた上がりが 10 進法とは限りません．そのまま多変量解析などにあてはめてしまうと誤った結果を導きますので，それを防ぐ意味でも重要な情報になります．また，キーとなるドメインによる直積集合の 1 つの点は，必ず記録を一意に定めます．もしリレーショナルデータにキーが存在しない場合は，データ更新時に記録の重複が発生する可能性があるので，データベース運用の際は注意が必要です．

　これらに加えて，複数のリレーショナルデータ同士の関係が重要です．リレーショナルデータベースの理論に現れる外部キーの概念は複数のリレーショナルデータを分析のために 1 つのリレーショナルデータにまとめるために重要な情報になります．詳しくは Date(2003) [3] を参照するとよいでしょう．

1.3.4　データ浄化

　データ浄化 (data cleaning, data cleansing) とは，一口に言えばデータ分析が正確に行えるようにデータを整理し，属性情報法を付与する作業のことです．**データクリーニング**や**データクレンジング**とも呼ばれます．桁間違いなどに代表される入力間違いや観測環境が一時的に大きく変化したために生じた**外れ値** (outlier) などを調べ，適切な形に変換したり，場合によっては記録ごと取り除くような作業を指します．これらの作業は，前項でも述べた欠損，無効の属性情報を記録する作業と同値です．また，定義域を先に決めておけば，桁間違いなどのエラーは自動的に取り除ける場合もあります．一方で，同じ桁間違いでも定義域内に存在する桁間違いは自動検出できません．中古マンションの取引価格などは都心では億単位の価格は珍しくありませんが，地方ではほぼ存在していません．同じ億単位の価格でも地域情報を見ながら一つ一つ丁寧に訂正するか否かを判定しなければならない厄介なケースです．このようなケースでは最寄り駅や住所などを手がかりにデータを地域ごとに分割し，各地域での価格の分布図を作成して眺めながら異常な値が存在するか否かを丹念に調べていきます．図 1.1 はある地域のマンション価

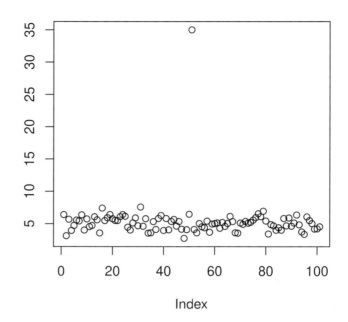

図 **1.1**　データブラウジングによる桁外れの検出

格（千万円単位）の散布図です．縦軸がマンション価格，横軸がマンション
の ID です．ID が 50 のあたりに，他のマンションとは明らかに価格が異な
る観測個体が存在しています．桁間違いの異常値と判断すべきかは，他の情
報を加味して判断することになります．このように，グラフを用いて視覚的
に行うデータ分析の作業を**データブラウジング** (data browsing) と呼びます．
、これらの作業以外にも，データ浄化では，基数系の情報の付与，キーの特
定，データの組織化の初期段階では気付かなかったエラーの修正などを行っ
ていきます．つまり，データ分析に十分耐えうるほどの属性情報をデータに
対して付与していく作業がデータ浄化というわけです．

1.4　モデリング

　データからモデルを作るという作業は，機械学習法に代表されるエンジニアリングによる手法であろうと，探索的データ解析に代表されるサイエンスによる手法であろうと，最終的には入力 $\boldsymbol{x} = \{x_1, x_2, \ldots, x_p\}$ に対して y を応答する関数 $y = f(\boldsymbol{x})$ をデータから作成することになります．たとえば，患者の体に関する条件を入力することで手術の成否の確率ないし指標を返す関数を作ることを考えます．これは，

$$(手術の成否を示す値) = f(手術時の年齢, 体重, 性別, \ldots)$$

という関数 f をデータから推定するということが最終的な目的になります．本書では関数 f を**モデル** (model)，そして f をデータから構築する作業を**モデリング** (modelling) と呼ぶことにします．

　それでは，この手術の例を用いて 2 つのモデリングのアプローチを説明しましょう．1 つ目は機械学習に代表されるエンジニアリングによるモデリングのアプローチです．手術のデータは表 1.3 のように記録されているとします．まずはデータを加工し，エンジニアが使っているソフトウェアやプログ

表 1.3　手術結果を示すデータ

手術の成否	身長	体重	性別	⋯
成功	165	55	女性	⋯
成功	171	72	男性	⋯
失敗	188	81	男性	⋯
成功	184	90	男性	⋯
失敗	155	46	女性	⋯
⋮	⋮	⋮	⋮	⋮

ラミング言語で扱えるようにします．その次に機械学習の手法の検討をします．手術の成否はある種の分類とみなすことができるので，機械学習では教師つき分類とよばれる手法を使うことになります．エンジニアリングでは実用に供するシステムの構築が目的ですから，最大限優先すべき事項は，システムが正しい成否を出すことです．通常の機械学習のモデリングでは，機械学習の手法をいくつか選定し，それぞれに当該データを適用して分類性能を評価します[14]．そして，それぞれの手法ごとに，データの成否を正しく答え

14)
あらゆる問題に万能な機械学習法はないこと（ノーフリーランチ定理 (no-free-lunch theorem)）が知られています．そのため，よほど未熟なエンジニアでない限り複数の手法を試します．

15)
過学習とも呼ばれます.

16)
モデルバリデーションと
もいいます

17)
機械学習で作った判別の
関数 f のことです.

18)
どうしても取れないので
あれば,データ上のすべ
ての医師の技量は平均的
であると仮定して次の段
階に進みます.

るようにパラメタの値を調節してもっとも正答率が高い正答率を出るように f をチューニングします.なお,通常の機械学習のモデリングでは,過剰適合[15](オーバーフィッティング,overfitting)という問題を避けるため,データをインサンプル(学習データ)とアウトサンプル(予測データ)に分けて検証することでモデルの妥当性[16]を確保しつつ,モデル[17]をチューニングします.なお,機械学習で作られたモデルは学習器,判別器などと呼ばれます.

　この機械学習によるモデリングの大きな特徴は,学習器の予測性能にもっとも重点を置いている点です.そのため,人間による可読性や解釈の余地を確保することはあまり念頭にありません.実際,ディープラーニングを含む機械学習法で得られた f は,理論的には数式による記述は可能なものの,それ自体を人間が解釈することはよほどシンプルなネットワークでなければ不可能です.

　もう1つのモデリングのアプローチはデータサイエンスによる f の構築です.データ加工してソフトウェアに取り込むと同時に,データサイエンティストはデータの背景情報を丹念に調べはじめます.たとえば,どのような手術なのか,どこで行われたか,機材はどのようなものが使われているかなど,データの中に現れていないことを丹念に調べていきます.実際,手術は医師の技量に依存する可能性があるので,もし手術ごとに医師が違う可能性があれば,執刀医をデータ化することを試みるでしょう[18].加えて各変量の関係を散布図などのグラフィカル表現を通してブラウジングし,変量間の関係を解析者が大まかにつかんでいきます.1.3.4項で説明したようにデータを視覚化すると外れ値なども容易に特定できるので,外れ値や異常値を取り除くなどのデータの浄化などもあわせて行います.このような作業を経て,理解したデータ構造を説明するのに適した統計モデルを解析者が複数選び出し,それぞれに対してデータの当てはめを試みます.多くの場合,データサイエンティストは変量間の関係が構造的にも数値的にも解釈しやすい統計モデルを優先的に用います.これは「なぜデータが示す状態(現象)が生じたのか」を明らかにすることがサイエンスの主題だからに他なりません.もし,選んだ統計モデルがデータにうまくフィットしない場合は残差の傾向などを調べることでその原因を探り出し,問題を解決できるように変量を変換したり,モデルを拡張したりするなど,満足のいくあてはめ結果が得られるまでいろいろな工夫を続けていきます.このようなデータ浄化やモデルへの工夫を何度も繰り返して,データサイエンティストは可読性のある説明力の高い f を見つけだそうとします.このデータサイエンスのモデリングのフローは,図1.2

のようにまとめることができます．図 1.2 でもわかるように，データ加工，ブ

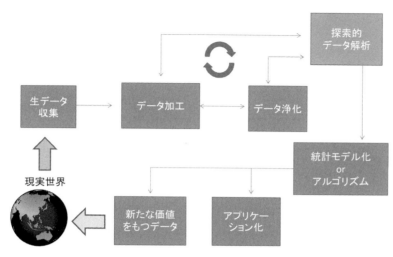

図 **1.2**　　データサイエンスのアプローチ

ラウジング，探索的データ解析の作業のループがモデリングの大きな特徴であることがわかります．

　一方，前者のエンジニアリングのアプローチは図 1.3 のようにまとめられます．図 1.2 との違いは，右上のデータの浄化と探索的データ解析の作業が，機械学習法の適用に変わっている点です．サイエンスのアプローチのように作業のループがなくストレートフォワードにモデリングが進むので，作業効率は非常に高くなります．また，機械学習の手法によっては変量の選択や外れ値の調整も自動的に実行されるので，解析をする人の技量に依存する部分が大幅に減ります．ビッグデータの解析のニーズが高まりつつあるときに，熟練者でなくてもそれなりの結果を出せるモデルが作れる機械学習が世界中のIT 業界で流行したのは，決して偶然ではないと言えるでしょう．

　以上，サイエンスとエンジニアリングの 2 つの視点からモデリングの方法を説明しました．2 つのモデリングは，「作業効率」と「説明力」のトレードオフの関係にあります．モデルの利用目的によってどちらに重点を置くべきかは異なってきますので，プロジェクトを立ち上げる初期の段階で十分に検討しておく必要があるでしょう．

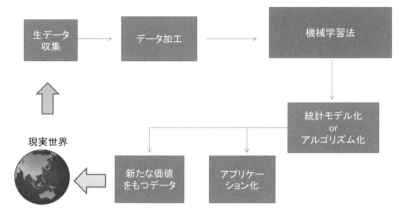

図 **1.3** 機械学習のアプローチ

1.5 モデリングの2つのアプローチ

　本節では非常に単純なデータを用いて実際にモデリングをすることで，前節で取り上げた2つのアプローチの違いを簡単に体験してもらいます．ここで取り上げるデータは1.5節で取り上げたフィッシャーのアヤメデータです．今回のモデリングの目的は，がく片の長さと幅，花弁の長さと幅4つの計測値から花の品種 Setosa, Vergicolor, Virginica のいずれかを予測する統計モデルないし判別器を作ることにあります．もう少し実務的な視点で問題設定をするのであれば，「花の市場に3つの見た目の似たアヤメがあるが，市場の関係者でも経歴が浅い人はしばしば間違えて出荷するので，4つの計測値から正確にあやめの品種を分類する推論システムないし AI を開発したい」という問題があるとでも考えてください．

　この本ではフリーの統計ソフトウェア **R** を使ってモデリングを行います．その理由については次節で説明しますので，先に目を通していただいても構いません．R のインストールや起動の仕方については巻末の付録に記載してありますので，そちらを参照してください．

　R を起動すると R Console が立ち上がります．> はプロンプトと呼ばれ，この横にコマンドを入力します．次のように入力すると，フィッシャーのアヤメデータが出力されます[19]．

19)
出力されないときは，
data(iris) と入力してか
ら，再度 iris を入力して
ください．

```
> iris
```

関数 head を iris に適用すると上から 6 行だけのデータが表示されます.

```
> head(iris)
  Sepal.Length Sepal.Width Petal.Length Petal.Width Species
1          5.1         3.5          1.4         0.2  setosa
2          4.9         3.0          1.4         0.2  setosa
3          4.7         3.2          1.3         0.2  setosa
4          4.6         3.1          1.5         0.2  setosa
5          5.0         3.6          1.4         0.2  setosa
6          5.4         3.9          1.7         0.4  setosa
```

なお, 関数 tail を使えば下から 6 行だけが表示されます.

データの**次元数** (dimension)[20) や構造を知るためには関数 dim や str が利用できます.

```
> dim(iris)
[1] 150    5
> str(iris)
'data.frame':    150 obs. of  5 variables:
 $ Sepal.Length: num  5.1 4.9 4.7 4.6 5 5.4 4.6 ...
 $ Sepal.Width : num  3.5 3 3.2 3.1 3.6 3.9 3.4 ...
 $ Petal.Length: num  1.4 1.4 1.3 1.5 1.4 1.7 1.4 ...
 $ Petal.Width : num  0.2 0.2 0.2 0.2 0.2 0.4 0.3 ...
 $ Species     : Factor w/ 3 levels "setosa",..: 1 1 1...
```

関数 dim は行数と列数を返してくれるので, データは 150 の記録で 5 列のデータからなることが分かります. また, 関数 str ではデータの各列の名前, 型, 始めのいくつかの値を返してくれます. このデータの場合, Sepal.Length, Sepal.Width, Petal.Length, Petal.Width, Species という名前をもつ 5 本のベクトルから構成されていること, 型は Species が Factor で, あとは num となっていることがすぐに分かります. 名前の直後にある num はデータ型を意味し, 数値変量を表しています. また, Factor は**因子変量** (factor variable) [21) を表しており, Species は 3 つの水準から構成されているようです. ここでは setosa しか表示されていませんが, 他に versicolor と virginica という品種がいます. そのことは水準を調べる関数 levels を使えば

```
> levels(iris$Species)
[1] "setosa"     "versicolor" "virginica"
```

と表示されるのですぐに分かります. ここで $ という演算子は iris の列を指定する記号だと思ってください[22].

エンジニアリング, 特に機械学習によるアプローチの場合は, 3 種類の分類が実行できる教師付機械学習法を適用し, 4 つの変量である Sepal.Length, Sepal.Width, Petal.Length, Petal.Width の値の組から, Species（品種）を正確に分類できる（正答が出る）ようにするチューニングし, 分類器を生成します. これがデータエンジニアリングにおけるモデリングになります.

たとえば, 3 個のユニットをもつ中間層を 1 つ与えたニューラルネットワークをこのアヤメのデータに当てはめてみましょう. 実務では過学習を防ぐためにインサンプルとアウトサンプルを分けて, 当てはめを確認することが多いですが, あえて全データを説明させてみます. なお, 関数 set.seed は乱数の種を与える関数であり, ニューラルネットの当てはめについて読者の皆様が結果を再現できるようあえて実行しています. もし, 種を指定しない場合は重み推定のときに使う乱数が毎回変化するので, 当てはめ結果がしばしば変わります.

```
> library(nnet)
> set.seed(0)
> iris.nnet1 = nnet(Species~., size=3, data=iris)
# weights:  27
initial  value 179.478503
iter  10 value 75.310006
iter  20 value 7.386625
iter  30 value 6.156005
iter  40 value 5.336998
iter  50 value 4.949400
```

```
iter  60 value 4.922125
final  value 4.921996
converged
> iris.pred1 = predict(iris.nnet1, iris, type="class")
> table(iris$Species, iris.pred1)
            iris.pred1
             setosa versicolor virginica
  setosa         50          0         0
  versicolor      0         49         1
  virginica       0          0        50
```

　詳しい使い方については後の章に譲るとして，関数 table を使ってまとめたモデルフィッティングの結果を見てみましょう．この表は正解と予測値の分割表を与えており，versicolor と virsinica での誤判別1つを除けばあとはすべて的中していることがわかります．

　このような正答率の高さは機械学習の大きな魅力です．この例ではあまり手法を取り替える必要性を感じませんが，実務ではこの例のようによい当てはまりを簡単に得ることはできませんので，パラメタを変化させてチューニングをしたり，手法自体を取り替えたりして，**モデルの正答率を高めることを追求**していきます．

　次は，データサイエンスのアプローチでモデリングしてみます．目的はアヤメの品種の分類で，「正答率を高める」ではなく「なぜ，そのように分類されたのか」が分かる形でモデリングしていきます．まずはデータを眺めることから始めましょう．アヤメのデータは変量数が少ないので，すべての変量同士の組で2次元散布図を描いて調べてもよいのですが，記録も少ないので平行座標プロットを使ってデータ全体を描画することにします．平行座標プロットはRの標準パッケージ MASS の中の関数 parcoord でも描画できます．

```
> ir = rbind(iris3[,,1], iris3[,,2], iris3[,,3])
> parcoord(log(ir)[, c(3, 4, 2, 1)], col = 1 + (0:149)%/%50)
```

以上のように入力すると図1.4が描画されたと思います．[23] 各縦軸は花弁とがく，それぞれの長さと幅からなる4つの計測項目の対数値をあらわしてい

[23] 実はこのコードは関数 parcoord のヘルプファイルに掲載されているサンプルそのままです．

ます．そして 1 つの折れ線は一つのアヤメの観測記録に相当します．黒色の
線は setosa という種類の記録に対応していますが，他の 2 品種とは明らか
に計測値の傾向が異なっているのが分かります．

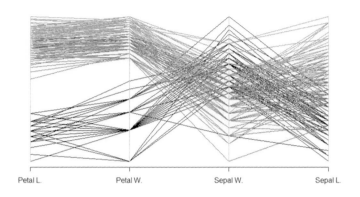

図 1.4　アヤメデータの平行座標プロット

24)
作図には（株）アナザー
ウェアのデータサイエン
ス事業部が開発してい
る教育用のソフトウェ
アを使わせていただき
ました．他にも慶應大
の柴田名誉教授を中心
に開発している TRAD
(http://datascience.jp/
TRAD.html) は高度な
平行座標プロットである
Textile Plot と R が連携
するパワフルなデータサ
イエンス環境であり，同
様の目的に使えます．

他のソフトウェア[24] を用いて作ったアヤメのデータの平行座標プロットも
掲載しておきます．図 1.5 ではデータを対数変換せずにそのまま表示させて
います．また，R のプロットとは異なり，因子変量もそのまま図中に表示さ
せています．図 1.6 はソフトウェア上で setosa の記録の色だけをハイライ

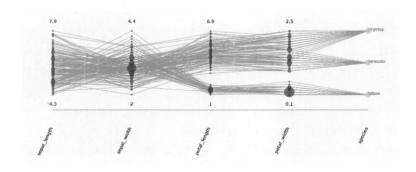

図 1.5　アヤメデータの平行座標プロット 2

トした平行座標プロットです. やはり明らかに他の 2 つの品種とは傾向が異なっています. 特に顕著なのは Petal, つまり花弁の大きさです. そこで, もう少し花弁の大きさについて詳しく調べてみることにします.

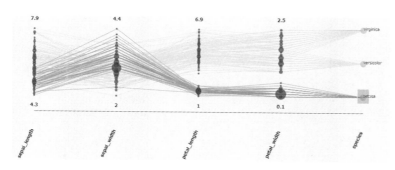

図 1.6　平行座標プロット上で setosa だけを選択

setosa とそれ以外の花の Petal.Length と Petal.Width の散布図を描いてみます.

```
> par(mfcol=c(1,2))
> plot(iris$Species=="setosa",iris$Petal.Length)
> plot(iris$Species=="setosa",iris$Petal.Width)
```

図 1.7 が得られたはずです. 関数 plot は散布図を描画する関数であり, 第 1 引数には x 軸, 第 2 引数は y 軸の値が入ります. 第 1 引数は setosa かそれ以外かという論理演算になっていますので, そうであれば TRUE, 違えば FALSE という論理値が返ってきます. 関数 plot は論理値 TRUE を 1, FALSE を 0 に変換するので, 品種が setosa の場合の花弁の計測値は x 軸の値が 1 の点を, それ以外の品種の計測値は x 軸の値が 0 の点を調べることで分かります. setosa の場合は, 花弁の長さがおおよそ 2 より小さく, それ以外の品種はおおよそ 3 より大きいです. 花弁の幅も setosa はおおよそ 0.7 より小さく, それ以外の品種は 1 より大きいということも分かります. 以上のことから, setosa とそれ以外の品種は花弁に関するデータに適当な閾値を設定する, もしくは初等的な判別分析を適用するだけで, 分類が可能であろうという結論が導けます. さらに, ここまで花弁のサイズが違うのだとすると, そもそも品種自体が大きく違うのではないかという疑いも出ます. 実際に著

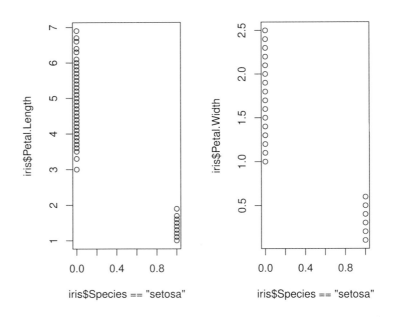

図 1.7　setosa とそれ以外の品種の花弁の大きさの比較

者が調べてみると Anderson(1936) の論文にたどり着きました．その論文から明らかになったことは，他の 2 つの品種と違って setosa はかなり寒い地域（亜寒帯）に生息していること，そして互いに交配している可能性が少ない品種であるということでした．つまり，このアイリスのデータはそもそも背景情報が大きく異なる品種が 1 つまぎれている特殊なデータだったということが明らかになったわけです．

　このような予備的な分析結果を踏まえれば，著者であれば次のような方針でさらにモデリングを続行していくと思います．

- 花弁だけのデータで setosa だけを分類する単純な統計モデルを構築する．
- 残りの 2 つの品種のデータだけに絞り込んだ後，setosa のときと同様にグラフィカルな分析を援用しつつそれぞれの背景情報を調べながら，2 品種を分類する統計モデルの構築を検討する．

ただし，setosa 以外の 2 つの品種は交配している可能性が高く，2 つの種の違いまで明らかにする形でモデリングするには，現状のデータでは情報が

足りないと思われます．もし2つの品種を分類できる理由まで解明したいのであれば，一足飛びに機械学習法を適用することは避けて，新たな観測データを入手することを検討すべきでしょう[25]．

　一方で，分類できる理由がわかればベターだが，実務的には良い予測さえ実現できればよいということであれば，この段階で機械学習の利用を検討することになろうかと思います．実際，エンジニアリングアプローチで出てきたニューラルネットワークであれば，中間層のノードを増やすことで完全に分類することは可能でしょう．ただし，サンプル数が極端に少ないので中間層のノードを増やすことは，いわゆる過剰適合という問題に突き当たってしまう可能性があるので，その点には注意を払う必要があるでしょう．

　次節では，この過剰適合が生じる原因を，簡単な例を用いて説明したいと思います．

1.6　過剰適合

　過剰適合（オーバーフィッティング，overfitting）を説明するために，まずは簡単な例を導入します．図1.8の散布図は，東京証券取引所の全体の動きを示す指標であるTOPIXの月次騰落率（無単位）とある個別銘柄の株価の月次騰落率（無単位）の関係を表しています．ここではTOPIXの騰落率から個別株価の騰落率を予測するモデルを作ることを考えたいと思います．図1.9の左の曲線はとある機械学習法で学習させた結果の模式図です．たとえばニューラルネットワークであれば，中間層のノードを増やすことでいくらでも曲線を曲げることができますので，ある程度数を増やせばほぼすべての点の上，もしくはその付近を通るような曲線を作ることが可能になります．一方，図1.9の右側の図は古典的な単回帰モデルを用いたモデリングです．学習データに対する予測誤差は機械学習のそれよりも大きいことは一目瞭然です．ですから，この図を見る限りだと機械学習のほうが良い結果だと思われるかもしれません．

　しかしながら，実務の面から考えると左図は過剰なあてはめになっている可能性が高いです．TOPIXは日本の景気そのものを示す指標とみなすことができます．景気が良くなれば個別の株式の価格も上がるのは自然なことですから，通常は右肩上がりのグラフになるのが自然というわけです．左図において個別銘柄の騰落率はTOPIXの月次騰落率が0の付近で大きな負の値

25) 当該品種のデータを一から取り直すということです．

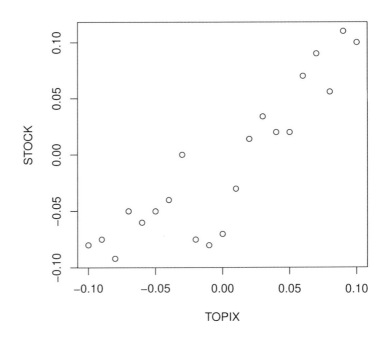

図 1.8 TOPIX と個別株式の騰落率

をとっているので，機械学習で推定したモデルを用いて実際の運用をおこなうと，TOPIX の値に変動がない時期では個別銘柄の価格が下落するという予測をするでしょう．しかしながら，常識的に考えれば，景気とは無関係な銘柄特有の要因で価格が下落したと考えるのが自然ですし，データの背景を調べればおそらくそのような事実は容易につかめるでしょう．その意味では，今回の 2 変量によるモデリングでは，図 1.9 の右図の単回帰モデルのほうがより現象を説明しているモデルになります．事実，ファイナンスの実務でも，図 1.9 の右図のような単回帰モデルを使って，個別株式の傾向を分析していますので，このような判断は経験的にも大きな間違いではないでしょう[26]．

　今回の株式のモデリングで起きた問題は，外れ値と思われる値まで過剰に学習したことに起因します．そして，このような問題があるために予測がうまく働かない現象がまさに過剰適合です．過剰適合はデータを精査せずにモデルをいたずらに複雑化することで起きたり，記録数に対して変量の数を増

26)
それぞれの収益率から国債のような安全資産の利率を差し引いた単回帰モデルが使われています．この単回帰モデルは **CAPM** (Capital Asset Pricing Model) と呼ばれます．

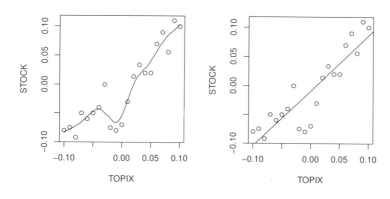

図 1.9　ある機械学習法と単回帰モデルのあてはめ

やしすぎる場合などでもしばしば起きます．とりわけ機械学習は複雑な表現
が可能な手法が多いので，学習データのあてはめすぎがよく起きてしまいま
す．過剰適合を防ぐために様々なバリデーション手法が開発されていますが，
どのようなデータに対しても優位性を発揮する手法はないので，結局は現場
の機械学習のエンジニアがどの程度学習させるべきなのかを判断しているの
が現状です．

　また，データサイエンスによるモデリングでも，決定係数や情報量規準[27]
を小さくするために，データの背景情報を軽んじて変量やダミー変数をいた
ずらに追加したり，考えなしに複雑なモデルをあてはめてしまい，過剰適合
を起こしていることがあります．良いモデルや AI を作るためには，どちら
のアプローチを採用したとしても，過剰適合をいかに避けるかが重要なファ
クターとなります．

1.7　モデリングのためのソフトウェア環境

　モデリングに用いられるソフトウェアやプログラミング言語は有償，無料
ともに豊富に出回っています．探索的データ解析を実践するために開発され
た S 言語は，ベル研究所の R. Becker, A. Wilks, J. Chambers によって 1988
年に発表されました．特に設計に深く関わった J.Chambers は S 言語の開

27)
AIC(赤池情報量規準) が
有名です．値が小さいほ
ど真のモデルに近いとさ
れています．

28)
翌年には Apache Gourp が受賞，Java，make などの受賞は 2000 年代であったことを考えると，S言語のソフトウェアとしての設計の評価の高さが推し量れます。

発の功績で 1998 年に ACM ソフトウェアシステム賞を受賞しています[28]．S言語では当時の主流であった計算資源が使えるように UNIX のシェルや C，Fortran のプログラムが容易に呼び出せるよう設計されています．ベル研究所における S 言語の開発はすでに終了していますが，現在も **S-PLUS** という商用ソフトウェア環境として発展し利用することができます．また，GNU プロジェクトによって今も開発されている **R** は，S 言語の仕様，機能をほぼすべて踏襲しており，S 言語を開発したメンバーの何人かも開発を協力しています．R はフリーで使えるということもあり，様々な分野の統計関連のアドオンパッケージも世界中で積極的に開発されています．オープンアクセス可能な査読付き論文誌 "The R Journal" も発行されており，学術的な分野での発展は目覚ましいものがあります．

　機械学習の多くの手法は R でも実装されていますが，ここ数年ではディープラーニング関連のライブラリが豊富に用意されている **Python** を用いて機械学習のアルゴリズムを実装するユーザーが急激に増えました．Python は R とは異なり，そもそも汎用なプログラミング言語として作られています．GUI や WEB 開発を含む相当広い範囲をカバーしている言語ですから，大規模なシステム開発でも 1 つの言語で終えられるので，IT 企業のようにシステム開発を生業とする企業にとっては，非常に大きな魅力のある言語だと言えるでしょう[29]．ただし，利用できる統計モデルの範囲や当てはめまでの手順の少なさ，探索的データ解析に必要な作図とそのアクセシビリティについては R のほうに分があるように感じます．計算速度についてはいろいろな議論があります．日本では Python のほうが計算速度が速いという記事が目立ちますが，海外の記事などでは逆の主張も多くあります．著者が読む限りだと，目的に適ったパッケージやライブラリが使われていないまま比較している記事が多く，結論が決まった恣意的な印象を受けました．どちらもインタプリタ言語ですからコンパイラ言語には全くかないませんので，それほど意味のない競争だと思っています[30]．

　他にもモデリングのために SPSS，SAS，STATA などの商用統計ソフトウェアを使う人や C や C++ で数値計算のライブラリを使ってプログラミングをする人もいますが，現状ではフリーで利用できる R か Python のいずれかでモデリングしている人が多数を占めていると思われます．住み分けとしては，統計関連の分野の研究者や探索的データ解析を得意としているデータサイエンティストは R を，IT 企業のプログラマーやエンジニアリングのアプロー

29)
現在の Python ブームは Google 社が開発の主要言語の 1 つとして Python を選んでいるということに他ならないでしょう。

30)
実際，Python の NumPy も R の dplyr も C 言語で開発された同じ線形計算パッケージの lapack を呼び出して行列計算を渡しているだけなので，理屈から言えばスピードはそれほどかわりません。速度が必要であればアルゴリズムを低レベル言語で実装すればよいだけだと思います。

チを得意としている人は Python を使う傾向にあるように思われます.

　本書の目的は，データサイエンスの考えに基づいたモデリングの基礎を理解すること，およびデータエンジニアリングのコアな技術である機械学習法の基礎を理解することです．最新の論文で発表されている手法を取りあげるのであれば，Lapack などの線形計算ライブラリなどを使って C や C++ でプログラムを組むべきでしょうが，それは本書の目的ではありません．ですので，本書では最小限のプログラミングで探索的データ解析が実現でき，なおかつ，多くの機械学習法も容易に実行できるプログラミング言語である **R** を使って解説をしていきたいと思います[31]．巻末の付録に R のセットアップ方法の簡単な説明が載っていますので，R をはじめて利用する方はそちらを読んで環境を整えてから次章以降を読み進めるとよいでしょう.

31)
著者はデータ分析の講義ではよく R を使いますが，自身の研究では Java や C でコードを書くことが多いです.

2 データサイエンスによるモデリング

本章ではデータサイエンスの考え方に基づいたモデリングを取り上げます．データベースの作成やクリーニングから始めるべきなのですが，データごとに多様な問題が存在することや本書のページに限りがあることを踏まえて，すでにデータベースが出来上がっていると仮定し，そこから最終的なモデルを構築するまでの流れを解説します．

データサイエンスの真骨頂は，「データに語らせる」ということにありますので，2 章と次の 3 章では脊柱後湾症の手術のデータただ 1 つを取り上げ，様々な角度から眺めてモデリングを試みます．

▎2.1 Kyphosis データ

この節では 2 章と次の 3 章で取り上げる脊柱後湾症 (Kyphosis) の手術データの内容を説明します．このデータは R のパッケージ rpart 内に kyphosis という名前で格納されており，本書の前半ではこのデータを用いて脊柱後湾症の手術の成否を説明する統計モデルないし機械学習による学習器の構築を目指します．なお，今回のモデリングは kyphosis のヘルプファイル[1] にもある参考文献 [2] の *Statistical Models in S* の内容を参考にしています．R の前身である S 言語で書かれていますが，探索的データ解析を実践しているその内容は今の時代でも大変貴重です[2]．

R を起動して実際のデータを眺めたいと思います．rpart パッケージをインストールしていない人は，R コンソールに以下のコマンドを入力してください．

```
> install.packages("rpart")
```

[1]
rpart パッケージを読み込んだ後にコンソール上に ?kyphosis と入力するとヘルプファイルが立ち上がります．

[2]
『S と統計モデル』（柴田里程訳）という和訳本が出ていますのでそちらを参考にしてもよいでしょう．

パッケージをダウンロードするための CRAN ミラーサイトを選ぶダイアログ
が出現しますので，Japan などの近くの地域にあるミラーサイトを選んでく
ださい．サイトを 1 つ選ぶと自動的にインストールが始まります．パッケー
ジをインストールし終わった，または既にパッケージをインストール済みで
ある場合は，以下のコマンドを入力して実際のデータを眺めて見ましょう．

```
> library(rpart)
> data(kyphosis)
> head(kyphosis)
  Kyphosis Age Number Start
1   absent  71      3     5
2   absent 158      3    14
3  present 128      4     5
4   absent   2      5     1
5   absent   1      4    15
6   absent   1      2    16
> dim(kyphosis)
[1] 81  4
```

関数 library はパッケージをローディングするための関数です．ここでは
rpart を呼び出しています．データの次元を調べる関数 dim の結果を見て分
かるように，kyphosis に格納されている変量は 4 つ，記録数は 81 となって
います．変量 Kyphosis は手術の結果を示す 2 値（present と Absent）の因
子変量です．present は症状が残っていることを，absent は取り除けたこ
とを示しています．変量 Age は手術をしたときの月齢，変量 Number は手術
をした背骨の数，変量 Start は手術をした際の基点となる背骨の番号を示し
ています．この 3 つの変量は数値変量になっています．以上のことから，何
歳（Age）のときにどの位置（Start）から何個（Number）の背骨を手術したか
という条件とその手術結果（Kyphosis）の組でデータの 1 記録が構成されて
いることがわかります．
　今回のモデリングの目的は Kyphosis を説明するモデルの構築です．これ
は，言い換えれば，手術をした結果，症状が残る確率を求めること，さらに
は，手術の成否にどの変量（どのような条件）が深く関わっているのかを突
き止めることにあります．なお，本書ではモデルの中で説明される変量（こ

の例では Kyphosis）のことを被説明変量または反応変量，説明に使う変量のことを説明変量と呼びます．

　少し本筋から脱線しますが，著者が本章で kyphosis を取り上げた動機を紹介します．2018 年 9 月 15 日の NHK スペシャル「人工知能　天使か悪魔か？」の中で，心臓移植の順位を決める AI についての話題が取り上げられていました．この AI はアメリカで実際に運用されており，成功率が高いとおもわれる患者を AI が判定し，各患者に対する移植の割り当ての順位を与えているそうです．手術の成否と移植の成否ということで，この章で取り上げる kyphosis のデータと背景が類似していることはすでにお気づきのことかと思います．

　この番組によれば，AI による患者の選択は，その病院の医師におおむね受け入れられているということでした．おそらく医師の経験からもリーズナブルだと感じられる順位が患者に割り振られているのだと思います．もちろん，優先順位を上げられて手術を受けた患者は AI に対して大変感謝をしていましたが，その一方で，優先順位が下げられた患者は，AI の結果を全く受け入れられておらず，絶望した様子でした．番組中では詳しい説明はありませんでしたが（私が見逃しているだけかもしれませんが），AI がどのような根拠で患者の順位を判断したのか知らされておらず，そのためにこのような不平が出てしまっていると感じました．

　この心臓移植の AI がもしエンジニアリングのアプローチで作られているとすれば，正答率は高いのかもしれませんが，判断の過程はブラックボックスになっているでしょう．当然，患者には判断基準を説明できないでしょうから，このような不平が出ることを防ぐことはできません[3]．しかしながら，もしデータサイエンスを駆使して順位の根拠を説明できる統計モデルをつくり AI のエンジンとして使えることができたのならば，完全ではないものの，少しは患者に納得してもらえるのではないでしょうか．

　本章で扱うのは脊柱後湾症なのでデータ自体は全く違いますが，できるだけ手術の成否の判断基準が分かるように，データサイエンスを駆使してモデリングを実践してみたいと思います．

[3]
AI が神になるということはこのような現象を指すのかもしれません．

2.2　データブラウジング

　この節ではモデリングや変量の選択に役立つデータブラウジングの方法を紹

介します．単にブラウジング手法 (browsing) だけをひたすら並べても，どのようにモデリングに役立つのかイメージしにくいので，この節では kyphosis データのモデリングの役に立つブラウジング手法だけを取り上げます．

2.2.1　箱ひげ図

被説明変量である Kyphosis とその他の変量との関係を視覚化するには因子変量と数値変量という 2 つの型の異なる変量を同時に眺める道具が必要になります．もちろん，因子変量を数値化して 2 変量散布図すれば眺めることもできますが，図 2.1 の左にある**箱ひげ図** (box whisker plot) のほうが直感的に分かりやすい場合も多いです．

図 2.1 の右側の図は単変量データをプロットした 1 次元の散布図です．この点を要約した図 2.1 の左にある箱ひげ図になります．図の中央の矩形の下

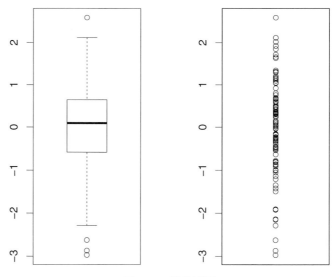

図 2.1　箱ひげ図

辺はデータの第 1 四分位，上辺が第 3 四分位をあらわします．そして，矩形の中央にある太線は中央値になります．図の上下の端にある横線は極値とよばれ，それよりも外側にある点を外れ値とみなしています．この極値ですが，次のように求められます．

- 第3四分位 $q3$ から第1四分位 $q1$ を引いた値を $s = q3 - q1$ とおく
- $q3 + 2s$ を上回らないデータのうち最大の値を上側の極値とする.
- $q3 - 2s$ を下回らないデータのうち最小の値を下側の極値とする.

散布図では点が重なってしまうのでデータの分布が少し理解しづらいですが，箱ひげ図ではより直感的に理解しやすいように分布の情報が要約されていることが分かります.

2.2.2 条件付き箱ひげ図による分類の診断

1.5 節のアヤメの例では，setosa とそれ以外を見分けるためには花弁の大きさが役立つということを説明しました．その時に見せた散布図 1.7 を箱ひげ図にしてみましょう．以下のコマンドを入力してください.

```
> par(mfcol=c(1,2))
> plot(as.factor(iris$Species=="setosa"),iris$Petal.Length)
> plot(as.factor(iris$Species=="setosa"),iris$Petal.Width)
```

図 2.2 が得られたと思います．図を見てもわかるように，条件ごとの花弁の長さ，幅のデータの分布がずれていることがわかります．分布には重なりがなく完全に分離していますから，setosa とそれ以外の品種は花弁に関する変量で完全に分類できることがわかります.

それでは本題の kyphosis のデータで調べてみましょう．症状が残ったか否かという2値変数 Kyphosis を条件にして，Age, Number, Start の3つの数値変数の箱ひげ図を描画します．関数 plot は図を描画する総称関数（ジェネリック関数）であり，入力されたオブジェクトに応じて適切な描画を行うよう設計されています．第1引数が因子変数，第2引数が数値変数になった場合は自動的に条件付きの箱ひげ図を描画します[4]ので，以下のように入力してください．なお，関数 par はグラフを描画する領域を分割する関数であり，引数 mfcol により分割数を指定します．ここでは c(1,3) となっており，1行3列の領域に分割することを意味します.

[4]
R の前身である S 言語は非常に古い言語ですが，その当時からオブジェクト指向におけるポリモルフィズム（多態性）を実装していました.

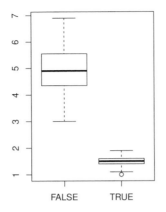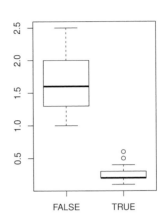

図 2.2   アヤメの条件付き箱ひげ図

```
> par(mfcol=c(1,3))
> plot(kyphosis$Kyphosis, kyphosis$Age,main="Age")
> plot(kyphosis$Kyphosis, kyphosis$Number,main="Number")
> plot(kyphosis$Kyphosis, kyphosis$Start,main="Start")
```

図 2.3 が得られた条件付きの箱ひげ図になります．どの変量の箱ひげ図でも
absent, present の互いの分布が重なっている領域はあるのですが，全く重
なっていない領域も少なからずあることから，いずれの変量も分類に影響を及
ぼす可能性はありそうだと判断できます．特に Start は箱ひげ図の矩形（第
1 四分位から第 3 四分位の領域）同士での重なりも少ないことから分類を説
明する変量として，現時点では有力であることが読み取れます．なお，plot
を使わずに単変量で箱ひげ図を描画する場合は，関数 boxplot を使います．
たとえば Age の箱ひげ図を描くのであれば，

```
> boxplot(kyphosis$Age)
```

と入力してください．

```
[12] 148  18   1 168   1  78 175  80  27  22 105
[23]  96 131  15   9   8 100   4 151  31 125 130
[34] 112 140  93   1  52  20  91  73  35 143  61
[45]  97 139 136 131 121 177  68   9 139   2 140
[56]  72   2 120  51 102 130 114  81 118 118  17
[67] 195 159  18  15 158 127  87 206  11 178 157
[78]  26 120  42  36
```

確かに Age だけで呼び出せることが分かります．今度は関数 detach を使って，検索パスから kyphosis を外し，再度 Age を呼び出してみます．なお，detach の引数は外したいデータフレームやパッケージの番号になります．

```
> detach(2)
> search()
 [1] ".GlobalEnv"        "package:rpart"
 [3] "package:stats"     "package:graphics"
 [5] "package:grDevices" "package:utils"
 [7] "package:datasets"  "package:methods"
 [9] "Autoloads"         "package:base"
> Age
 エラー:  オブジェクト 'Age' がありません
```

確かにサーチパスから外れると Age だけではデータを呼び出せなくなっていることが分かります．なお，関数 detach はデータだけでなく，ロードしたパッケージを検索パスから外すこともできます．モデリングの最中に不要になったデータフレームやパッケージはすぐに外すとよいでしょう[5]．

それでは本題に戻り，説明変量間の散布図を描画したいと思います．

```
> attach(kyphosis)
> par(mfcol=c(2,2))
> plot(Age, Start)
> plot(Age, Number)
> plot(Number, Start)
```

[5] R には膨大なパッケージが存在するため，異なるパッケージに同一の名前の関数やオブジェクトが存在している可能性があります．

コマンドを入力すると図 2.4 が得られます．多くの読者の皆さんにとっては，どの組み合わせも点が全体にばらついているように見え，大きな特徴があるように感じないかもしれません．しかしながら，よくよく見ると実は 1 組だけ大

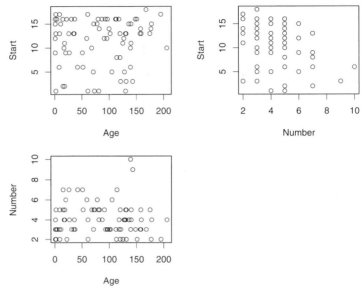

図 **2.4**　説明変量同士の散布図

きな傾向が見て取れます．その傾向がよく分かるように関数 `scatter.smooth` を使い，散布図に補助的な曲線を描画します．ちなみに散布図に滑らかな曲線をフィッティングさせることを**平滑化** (smoothing) とよび，得られた曲線のことを**平滑曲線** (smoothing curve) と呼びます．

```
> scatter.smooth(Age,Number)
> scatter.smooth(Age,Start)
> scatter.smooth(Number,Start)
```

得られた平滑曲線を見る限り，Start と Number の組の散布図には，下落傾向ないし反比例のような傾向がはっきり見て取れます．また，平滑曲線から大きく離れた点もいくつか見られます．Start と Number のみの図を出力して，平滑曲線から大きく離れている点について調べてみます．R にはグラフィックス上の点を同定する関数 `identify` が用意されていますのでそれを使いま

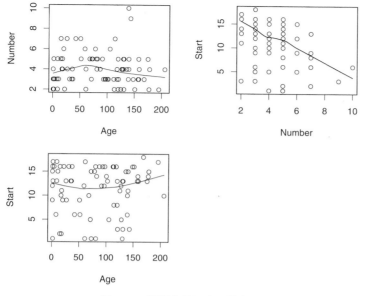

図 2.5 説明変量同士の散布図

す．もし外れている点に absent または present の大きな偏りがあるのなら
ばモデリングの大きなヒントになるかもしれません．

```
> par(mfcol=c(1,1))
> scatter.smooth(Number,Start)
> identify(Number, Start, label=Kyphosis)
```

以上のコマンドを入力し，グラフィックス上で点の近傍をクリックすると，そ
の点の absent, present の識別が与えられます．機能を終了するときはキー
ボード上の ESC ボタンを押してください．

　関数 identify で，平滑曲線から外れている点が absent か present か調
べてみた結果が図 2.6 です．出現率に特別な偏りがあるというわけではなさ
そうです．

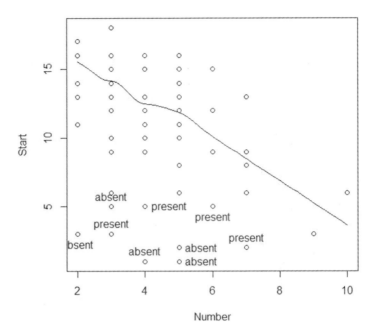

図 **2.6** 平滑曲線から外れている点のチェック

2.3 一般化線形モデルを使ったモデリングの検討

2.3.1 一般化線形モデルの基礎

2 値データを説明するモデルを作る際に検討されるモデルとしては，ロジット回帰モデルやプロビット回帰モデルなどが有名です．これらのモデルは Nelder and Wedderbun(1972) によって，**一般化線形モデル** (generalized linear model) という枠組みで統一的に表現されました．本節ではこの一般化線形モデルを使い，手術によって脊柱後湾症が取り除けるか否かを表現してみたいと思います．

一般化線形モデルの被説明変量は，独立な確率変数 Y_i $(i = 1, 2, \ldots, n)$ です．各 Y_i が従う確率分布はパラメタの異なる同一の分布であり，その密度関数は 1 つのパラメタ θ_i を用いて

$$f(Y_i; \theta_i) = \exp[y_i b(\theta_i) + c(\theta_i) + d(y_i)]$$

と表現できる**指数型分布族** (exponential family) を仮定します．そのとき，一

般化線形モデルは次のような2つの式で表現されます.

$$E(Y_i) = \mu_i, \tag{2.1}$$

$$g(\mu_i) = \boldsymbol{x}_i^T \boldsymbol{\beta}. \tag{2.2}$$

ここで g は単調で微分可能な関数 (**リンク関数**)(link function) であり,ベクトル $\boldsymbol{x}_i$ は次のような p 個の説明変量からなるデータ行列 $\boldsymbol{X}$ の各行に対応します.

$$\boldsymbol{X} = \begin{bmatrix} x_{11} & x_{12} & \dots & x_{1p} \\ x_{21} & x_{22} & \dots & x_{2p} \\ \vdots & \vdots & \vdots & \vdots \\ x_{n1} & x_{n2} & \dots & x_{np} \end{bmatrix} = \begin{bmatrix} \boldsymbol{x}_1^T \\ \boldsymbol{x}_2^T \\ \vdots \\ \boldsymbol{x}_n^T \end{bmatrix} \tag{2.3}$$

つまり,一般化線形モデルは,各観測ごとに変化するパラメタ θ_i の推定をより少数のパラメタ $\boldsymbol{\beta}$ の推定に置き換えたモデルということに他なりません.

一般的に確率変数 Y の従う分布の平均 μ が変化すると,多くの場合で分散の値も変動します.たとえば Y にパラメタ μ をもつ**ベルヌーイ分布** (Bernoulli distribution) を仮定した場合,その分散は $\mu(1-\mu)$ となっているので平均 μ の変動に応じて分散の値も変動していることが分かります.通常の線形モデルの場合,誤差項は平均 0,分散が一定の正規分布に従うという仮定があるので,Y には常に等分散性が仮定できますが,一般化線形モデルの枠組みでは Y に対して等分散性がないのでその扱いを工夫する必要があります.そこで一般化線形モデルでは,Y の従う分布ごとに平均と分散の変動を制御する**分散関数** V (variance function) を用意しています.以後,分散 $\text{Var}(\mu)$ を,定数 ϕ を用いて $\text{Var}(\mu) = \phi V(\mu)$ とあらわすことにします.

以下は代表的なリンク関数と分散関数の組になります.

- ガンマ分布 リンク関数は $\frac{1}{\mu}$,分散関数は μ^2.
- ベルヌーイ分布 リンク関数は $\log\left(\frac{\mu}{1-\mu}\right)$,分散関数は $\mu(1-\mu)$.
- ポアソン分布 リンク関数は $\log(\mu)$,分散関数は μ.
- 逆正規分布 リンク関数は $\frac{1}{\mu^2}$,分散関数は μ^3.

なお,リンク関数 g の逆関数を $g^{-1} = h$ とすると

$$\mu = h(\boldsymbol{x}^T \boldsymbol{\beta})$$

とあらわせます．この逆関数 h は一般に g の**逆リンク関数** (inverse link function) と呼ばれます．逆リンク関数は期待値 μ を直接表現できるので便利なことも多いです．

次に最尤推定法（最尤法）によるパラメタ推定を説明します．データ行列に加えて，被説明変量のデータを $\boldsymbol{y} = (y_1, y_2, \ldots, y_i, \ldots, y_n)^T$ とおきます．また，Y の従う確率分布の密度関数を $f(y; \mu)$ とおきます．このとき，

$$L(\boldsymbol{\mu}, \boldsymbol{y}) = \prod_i f(y_i; \mu_i)$$

を**尤度** (likelihood)，

$$l(\boldsymbol{\mu}, \boldsymbol{y}) = \sum_i \log f(y_i; \mu_i)$$

を**対数尤度** (log likelihood) と呼びます[6]．ここで $\boldsymbol{\mu} = (\mu_1, \mu_2, \ldots, \mu_i, \ldots, \mu_n)^T$ となります．y_i を代入した μ_i が未知の尤度 $f(y_i; \mu_i)$ において mu_i を変数，y_i を分布のパラメタとみなして役割を取り替えて考えれば，対数尤度は与えられたデータをパラメタとし $\boldsymbol{\mu}$ を確率変数とした同時確率とみなせます．この同時確率が最も高くなるような $\boldsymbol{\mu}$ を**最尤推定値** (maximum likelihodd estimator)，そして最尤推定値を見つける方法を**最尤推定法（最尤法）**(maximum likelihodd estimation) と呼びます．なお，最尤推定量という用語は y_i がデータではなく，確率変数である場合を指します[7]．

Kyphosis は症状が残るか否かの 2 値変量ですから，Y_i をベルヌーイ分布 $f(y_i) = p_i^{y_i}(1 - p_i)^{1-y_i}$ に従う確率変数とみなし，その確率 p_i をいくつかの説明変量で表現するモデルを考えます．ここで p_i が先のところでいうところの μ_i に相当します．

最初に説明変量として Start だけを用いたモデルを考えます．リンク関数としてロジット関数 $g(p_i) = \frac{p}{1-p_i}$ (logit function) を使い，

$$\log \frac{p_i}{1 - p_i} = \beta_0 + \beta_1 \mathrm{Start}_i \tag{2.4}$$

というモデルを仮定します．(2.6) を変形すると

$$p_i = \frac{1}{1 + e^{-(\beta_0 + \beta_1 \mathrm{Start}_i)}} \tag{2.5}$$

となり，このモデル自体はシグモイド関数を用いて確率 p_i を表現しているだけだということがわかります．つまり，今回のモデリングの意図は Start の値の違いで症状が残る確率を表現しようということに他なりません．ただし，

ここで注意しないといけないことは p_i が，データとしては全く観測できない
ことです．そのため，他のモデルよく使われるような最小二乗法を使い，

$$\sum_i \left(\log \frac{p_i}{1 - p_i} - (\beta_0 + \beta_1 \text{Start}_i) \right)^2 \qquad (2.6)$$

を最小にするパラメタ β_0, β_1 を見つけるという手法は使えません．

そこで用いるのが，さきほど説明した最尤推定法になります．$\boldsymbol{\mu} = (p_1, p_2, \ldots, p_n)$ とすれば Y の対数尤度は

$$l(\boldsymbol{\mu}; \boldsymbol{y}) = \sum_i \{ y_i \log(p_i) + (1 - y_i) \log(1 - p_i) \} \qquad (2.7)$$

とあらわすことができますから，式 (2.5) を変形し p_i に代入すれば

$$l(\boldsymbol{\beta}; \boldsymbol{y}) = \sum_i [y_i \cdot \text{Start}_i \boldsymbol{\beta} - \log \{ 1 + \exp(\text{Start}_i \boldsymbol{\beta}) \}] \qquad (2.8)$$

と書き換えることができます．これで観測できない手術で症状が残る確率 p_i
が対数尤度の中から消えてくれるので，対数尤度を最大化しパラメタの最尤
推定値を見つけることが可能となります．

対数尤度 2.8 を用いて最尤推定値を求めるためにはニュートン・ラフソン法
に代表される探索的アルゴリズムを用いてパラメタ推定をします．R にはこ
のパラメタ推定を行う関数 glm が用意されています[8]．次節では実際のデー
タへのあてはめを行ってみます．

2.3.2 R による一般化線形モデルのあてはめ

関数 glm を用いて以下のように入力すると手術後に症状が残る確率を背骨
の位置 Start で説明する一般化線形モデルの当てはめられます．

```
> glm.fit1=glm(Kyphosis ~ Start,family=binomial)
> glm.fit1

Call:  glm(formula = Kyphosis ~ Start, family = binomial)

Coefficients:
(Intercept)          Start
```

```
      0.8901          -0.2179

Degrees of Freedom: 80 Total (i.e. Null);   79 Residual
Null Deviance:        83.23
Residual Deviance: 68.07            AIC: 72.07
```

関数 glm の第 1 引数の Kyphosis ~ Start という表現は手術後の症状の有
無を示す 2 値の因子変量 Kyphosis を背骨の位置番号を示す数値変量 Start
で説明するモデルであるということを示しています．引数 family ではリン
ク関数の指定を行います．ここでは binomial を指定し，ロジット関数がリ
ンク関数であることを glm に教えています．つまり，先に説明した

$$\log \frac{p_i}{1 - p_i} = \beta_0 + \beta_1 \mathrm{Start}_i$$

というモデルを R に計算させていることになります．計算結果は glm.fit1
というオブジェクトに格納されています．再度プロンプトにオブジェクト名
を入力することで推定結果が表示されます．特に重要なのは (Intercept)，
Start 表示の下にあるそれぞれの数字 0.8901, −0.2179 であり $\beta 0$ と β_1 の
最尤推定値となっています．つまり，

$$\log \frac{p_i}{1 - p_i} = 0.89 + -0.22 \times Start_i$$

が得られたモデルということになります．
　このモデルが説明力のあるモデルになっているかを調べる方法はいくつか
ありますが，まず先に非常にオーソドックス[9]な 2 つの方法を説明します．

9)
正統，伝統的という意味
がありますが，ここでは
あくまで後者の意です．
正統ではありません．

方法 1　正答率：モデルの予測値とデータにおける実測値の乖離（インサ
　　　　ンプルデータでの予測の正答率）を調べる

方法 2　係数の有意性：推定した係数の統計的な有意性を通じて，使って
　　　　いる変量がモデルにおいて冗長でないかを調べる．

[方法 1] はエンジニアリングを重視する場合では，最も重要なチェックになり
ます．エンジニアリングは実用に供するシステムの構築が課題ですから，学
習したデータ（パラメタ予測に用いたデータ）の中にある手術後の症状の有
無については間違えずに答えてほしいという要求です．半分しか当たらない
のであれば，サルにコイン投げをさせても代わらないということなので，まっ

たく意味のないモデルということになります．これは関数 fitted を使って
インサンプルに対する手術後の症状の有無を予測させれば調べることが可能
です．

```
> glm.fit1.pred=fitted(glm.fit1)
> table(Kyphosis=="present",(glm.fit1.pred > 0.5))

        FALSE TRUE
FALSE    58    6
TRUE     13    4
```

関数 fitted は推定済みのモデルにデータを適応してその予測値を返しま
す．データを明示的に指定しないと，当てはめ時に用いたデータを使って
計算を実行します．ここでは fitted(glm.fit1) という形で新たなデータ
を指定していませんので，当てはめ時のデータがそのまま使われています．
Kyphosis=="present" は症状が残っているか否かを論理値ベクトルに変換
しており，(glm.fit1.pred > 0.5)は症状が残っている確率が 0.5 以上の
場合を真，それ以外を偽として論理ベクトルにしています．この例では，作
成した 2 つの論理ベクトルを関数 table で 2 次元分割表になおし，実際の値
と予測値の比較をしています．対角要素が正答になりますから，合計 62 個は
正しく答えていることになります．総サンプル数 81 個で除すと，77.5 ％ の
正答率となりました．半分を大きく超える正答率があるので，エンジニアリ
ングとしては意味のあるモデルになっていることがわかります．ただし，変
量を増やしたり後に説明する機械学習を用いれば，もっと正答率が高いモデ
ルが可能性があるので，現段階では結論は出せません．

　[方法 2] は，簡単に言えば統計的仮説検定という手法を通じ，係数が 0 か否
かを調べることが主題です．たとえば Start の係数 β_1 がほぼ 0 に近い値だ
と推定されたとすれば，背骨の位置は手術後の症状の有無には関係を及ぼさ
ないことを意味します．そこでこの統計的仮説検定では当該係数は 0 である
と仮定しておき，モデルが正しくてかつ真の係数が 0 であった場合，データ
から推定した係数の値が発生する確率を計算して寄与の有無を判定します[10]．
この確率がとても小さければ，当該係数が 0 であるという仮定は誤りである
ということになるので，当該変量は被説明変量の説明に寄与しているだろう
と判断されます．この確率は一般に p 値 (p value) と呼ばれます．分析者はど

10)
係数が 0 であるという仮
定のことを帰無仮説と呼
びます．統計的仮説検定
ではこの帰無仮説が棄却
されることで，対立仮説
（係数は 0 でない）が正
しいのではないかという
結論を採択します

の程度の値を小さいと判断するか基準を設定する必要があり，それを有意水準と呼びます．0.05（5 %）あたりに設定することが多いですが，分野によっては 0.01 や 0.1 も使われます．いずれにしても，有意水準は分析者が**分析を始める前に決める**ことが原則になります．分析した結果を見てから有意水準を決めると，分析者が描いた絵に従う結果になってしまうからです．以後，本書では断りがない限り 0.1 (10%) を有意水準として定めることにします．

関数 summary を適用することで当てはめたモデルの詳細を眺めることができ，係数の推定値や対応する p 値が取り出せます．

```
> summary(glm.fit1)

Call:
glm(formula = Kyphosis ~ Start, family = binomial)

Deviance Residuals:
    Min      1Q  Median      3Q     Max
-1.4729  -0.5176  -0.4211  -0.3413   2.1305

Coefficients:
            Estimate Std. Error z value Pr(>|z|)
(Intercept)  0.89007    0.62996   1.413 0.157686
Start       -0.21789    0.06044  -3.605 0.000312 ***
---
Signif. codes:  0 '***' 0.001 '**' 0.01 '*' 0.05 '.' 0.1 ' '
1

(Dispersion parameter for binomial family taken to be 1)

    Null deviance: 83.234  on 80  degrees of freedom
Residual deviance: 68.072  on 79  degrees of freedom
AIC: 72.072

Number of Fisher Scoring iterations: 5
```

P(>|z|) の部分に記載されている p 値になります．この値が 0 に近いほ
ど，推定されたパラメタは統計的に有意であるということを示す数値です．定
数項（Intercept）の p 値は 0.1 以上であることから設定した有意水準 10%
を上回っています．つまり (真の定数項) ＝ 0 という帰無仮説を棄却できませ
ん．一方，Start の p 値は限りなく 0 に近いので，変量として意味がある
と判断できます[11]．ここで図 2.3 を思い出してください．箱ひげ図による変
量の寄与を診断をした際に，Start は手術後の症状の有無 Kyphosis を説明
できるだろうと予想していた変量でした．ですので，この結果も実はデータ
ブラウジングでの予想の範囲内だったということが分かります．

　今度は Age, Number, Start の 3 つ変量をすべて説明変量として一般化線
形モデルを当てはめます．そして，先の例と同様に正答率と係数の有意性を
同時に調べたいと思います．

11)
もちろん，モデルの構造
が真であればという仮定
が正しければ，ですが．

```
> glm.fit2=glm(Kyphosis~Age+Number+Start,family=binomial)
> glm.fit2


Call:  glm(formula = Kyphosis ~ Age + Number + Start,
family = binomial)


Coefficients:
(Intercept)          Age        Number         Start
   -2.03693      0.01093       0.41060      -0.20651


Degrees of Freedom: 80 Total (i.e. Null);  77 Residual
Null Deviance:       83.23
Residual Deviance: 61.38          AIC: 69.38
```

推定されたモデルは

$$\log \frac{p_i}{1 - p_i} = -2.04 + 0.01 \times \text{Age}_i + 0.41 \times \text{Number}_i - 0.21 \times \text{Start}_i$$

です．さらに正答率と係数の有意性を調べてみましょう．

```
> glm.fit2.pred=fitted(glm.fit2)
```

```
> table(Kyphosis=="present",(glm.fit2.pred > 0.5))


        FALSE TRUE
  FALSE   61    3
  TRUE    10    7
> summary(glm.fit2)

Call:
glm(formula = Kyphosis ~ Age + Number + Start,
family = binomial)

Deviance Residuals:
    Min      1Q   Median      3Q      Max
-2.3124  -0.5484  -0.3632  -0.1659   2.1613

Coefficients:
             Estimate Std. Error z value Pr(>|z|)
(Intercept) -2.036934   1.449575  -1.405  0.15996
Age          0.010930   0.006446   1.696  0.08996 .
Number       0.410601   0.224861   1.826  0.06785 .
Start       -0.206510   0.067699  -3.050  0.00229 **
---
Signif. codes:  0 '***' 0.001 '**' 0.01 '*' 0.05 '.' 0.1 ' '
1


(Dispersion parameter for binomial family taken to be 1)


    Null deviance: 83.234  on 80  degrees of freedom
Residual deviance: 61.380  on 77  degrees of freedom
AIC: 69.38


Number of Fisher Scoring iterations: 5
```

正答数は 68 個まで増え，正答率が約 84% に上昇しています．残り 2 つの変

量の p 値も 0.1 以下ですから有意水準 10% を下回っているので係数が 0 である帰無仮説を棄却できません．図 2.3 の条件付の箱ひげ図でも，Age, Start とも少しは分布がずれていましたから，正答率の上昇および統計的有意性があることも合点がいきます．このままの結果を鵜呑みにすればモデルは

- p 値が小さい Start が最も重要な変量である．
- Age が少ないほど成功率が高い．
- Start （手術する背骨の開始位置）が大きいほど成功率が高い．
- Number (手術する背骨の数) が少ないほど成功率が高い．

というを事実をあらわしています．

　特に正答率に制限がなければ，多くの書籍やガイドブックではこのままのモデルの当てはめの検討を終えてしまいます．しかしながら，データサイエンスによるモデリングにおいては，これらの作業はまだ作業の前半に過ぎません．次の節ではモデルの当てはめ残差を調べていきます．

2.3.3 最尤推定法における代表的な残差

　一般に，最小二乗法で係数を推定できるモデルであれば，当てはめ残差を直接計算できます．たとえば $y_i = \alpha + \beta x_i + \epsilon_i$ （$i = 1, 2, \ldots, n$) という単回帰モデルを仮定すれば

$$\epsilon_i = y_i - (\hat{\alpha} + \hat{\beta}x_i), \quad i = 1, 2, \ldots, n$$

が誤差項 ε_i の推定値であり当てはめ残差になります．ここで $\hat{\alpha}$ と $\hat{\beta}$ は最小二乗法で推定したパラメタの値です．通常，この誤差項は互いに独立で同一の正規分布に従うという仮定をおきますから，誤差の推定値である残差に正規性や特定の傾向がないかチェックすることはとても重要な作業になります[12]．

　一方，一般化線形モデルは，期待値 $E(Y)$ をリンク関数を通じて線形結合で説明するモデルですから，誤差項 ε やその推定値である残差は存在しません．実際，

$$E(Y) = \hat{p} = \frac{1}{1 - \exp[-\boldsymbol{\beta}_1^T \boldsymbol{x}]}$$

とあらわされるので，もし残差を計算するのであれば p を観測し，$p - \hat{p}$ を計算する必要があります．しかしながら，ベルヌーイ分布で観測できるのは

[12] よくこの作業を行わないまま分析を終えてしまう人がいますが，線形モデルにおける係数の統計的仮説検定は誤差項は独立同一正規分布に従うことを仮定していますので，この仮定が崩れると係数の仮説検定の結果は疑わしいものになります．

いわゆるコインの裏表をしめす 0, 1 の 2 つの値のみですから，確率 p そのものは外部から観測することはできません．そのため，ロジットをリンク関数に用いた一般化線形モデルでは残差 $p - \hat{p}$ が計算できないということになります．このことは他のリンク関数を用いる一般化線形モデルにも当てはまります．

　一般化線形モデルでは通常の残差の代わりに**尤離度** (deviance)(deviance) を用いたいくつかの残差が定義されています[13]．この尤離度 $D(\boldsymbol{y}, \boldsymbol{\mu})$ は

$$D(\boldsymbol{y}, \boldsymbol{\mu})/\phi = 2l(\boldsymbol{\mu}^*; \boldsymbol{y}) - 2l(\boldsymbol{\mu}; \boldsymbol{y})$$

と定義されます．ここで $\boldsymbol{\mu}^*$ は $\boldsymbol{\mu}$ に何の制限も与えずに尤度を最大化したときの $\boldsymbol{\mu}$ の値をあらわしています．ただし，指数型分布族の場合は $\boldsymbol{\mu}^*$ は $\boldsymbol{y}$ と一致し，その他の分布でも多くの場合で同様のことが成立することが知られています．一般化線形モデルの解説でよく出てくる尤離度を用いた残差は**尤離度残差，作業残差，ピアソン残差，反応変量残差** の 4 つがあり，以下は，各残差の定義と R 上での計算方法です．

13)
尤離度は**逸脱度**と呼ばれることも多いです．

線形予測子を $\eta = \boldsymbol{x}^T \boldsymbol{\beta}$ とおく．4つの残差は次のように定義される．

- **尤離度残差**は，尤離度 $D(\boldsymbol{y}, \boldsymbol{\mu}) = \sum_i d_i$ としたとき，

$$r_i^D = sign(y_i - \hat{\mu}_i)\sqrt{d_i}$$

と定義される．この残差を R で得るためには，関数 residuals を用いて，引数 type に"deviance"を指定すればよい．
- **作業残差**は

$$r_i^W = (y_i - \hat{\mu}_i)\frac{\partial \hat{\eta}_i}{\partial \hat{\mu}_i}$$

と定義される．この残差を R で得るためには，関数 residuals を用いて，引数 type に"working"を指定すればよい．
- **ピアソン残差**は

$$r_i^P = \frac{y_i - \hat{\mu}_i}{\sqrt{V(\hat{\mu}_i)}}$$

と定義される．この残差の二乗は，ピアソンのカイ二乗統計量である．この残差を R で得るためには，関数 residuals を用いて，引数 type に"pearson"を指定すればよい．

- 反応変量残差は

$$r_i^R = y_i - \hat{\mu}_i$$

と定義される．この残差を R で得るためには，関数 residuals を用いて，引数 type に"response"を指定すればよい．

一般化線形モデルでは尤離度が最小になるように係数の推定を行うことから，各観測値がモデルへ与える影響を調べるためには，尤離度残差がよく使われます．また，作業残差は一般化線形モデルに残った非線形性の検出に用いられる偏残差プロットの描画に用いられます．

偏残差プロット (partial residual plot) は component + residual プロットとも呼ばれており，各変量に非線形性が残っていないか確認するためのブラウジングツールです．変量 x_j の偏残差の定義は

$$r_i^j = x_{ij}\hat{\beta}_j + (y_i - \mu_i)\frac{\partial \eta_j}{\partial \mu_i}, \quad i = 1, 2, \ldots, n \tag{2.9}$$

となっています．第 1 項は x_j だけの線形予測子であり，第 2 項は作業残差となってます．偏残差プロットは横軸に説明変量，縦軸に偏残差をプロットした散布図に対し，平滑化曲線を重ねた図になります．

平滑化曲線を重ねた散布図を描くための関数 scatter.smooth を使うと容易に偏残差プロットが描画できます．なお，下記の入力の 2 行目の先頭にある + 記号は，1 行目の入力式を途中で改行したために R がプロンプト上に自動的に表示する記号です．これは入力文が正しく終わっていないという意味であり，読者の皆さんが入力する必要はありません．

```
> glm.fit2.rsd = predict(glm.fit2,type="terms") +
+ residuals(glm.fit2,type="working")
> par(mfcol=c(1,3))
> scatter.smooth(Age,glm.fit2.rsd[,1],family="gaussian")
> scatter.smooth(Number,glm.fit2.rsd[,2],family="gaussian")
> scatter.smooth(Start,glm.fit2.rsd[,3],family="gaussian")
```

図 2.7 は得られた各変量ごとの偏残差プロットになります．しかしながら，これをいきなり見せても何を意味するかよく分からないと思います．まずは背景が明らかなデータを使い，それらを描画することで偏残差プロットの使い

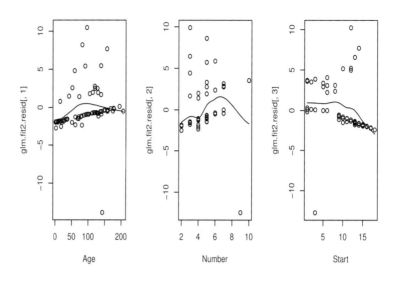

図 **2.7**　glm.fit2 の偏残差プロット

方を理解していきましょう.

　ここでは,1 章で用いたアヤメのデータを使いたいと思います.1 章での
データブラウジングで明らかなように setosa とそれ以外の品種は花弁に関す
る変量 Petal.Length と Petal.width で完全に分類できることが分かって
います.ですので,setosa とそれ以外という分類を与える変量 isSetosa を
新たに作り,それを Petal.Length で説明する一般化線形モデルを当てはめ
ます.

```
> par(mfcol=c(1,1))
> iris1.d=iris
> iris1.d$isSetosa = (iris$Species=="setosa")
> iris2.glm = glm(isSetosa~ Petal.Length,
+ data=iris1.d,family=binomial)
> iris2.resid = predict(iris2.glm,type="terms") +
+ residuals(iris2.glm,type="working")
> scatter.smooth(iris1.d$Petal.Length,iris2.resid[,1])
```

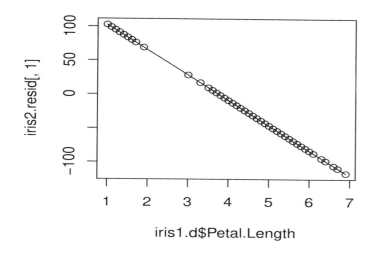

図 **2.8** Petal.Length による完全分離時の偏残差プロット

図 2.8 を見て分かるように，偏残差は直線的になっています．このように偏残差が直線になっているときは，説明変数 Petal.Length が一般化線形モデルをでうまく説明していることを示唆しています．

今度は Sepal.Length に説明変数を取り替えてモデルを作り，偏残差プロットを眺めて見ましょう．

```
> iris3.glm = glm(isSetosa~ Sepal.Length,data=iris1.d,
+ family=binomial)
> iris3.resid = predict(iris3.glm,type="terms") +
+ residuals(iris3.glm,type="working")
> scatter.smooth(iris1.d$Sepal.Length,iris3.resid[,1])
```

今度は 16 個ほど誤判別するモデルが得られました．f1 の偏残差プロットである図 2.9 を見ても分かるように，平滑曲線は直線的なものの点自体は 0 付近で乖離が生じていることが分かります．

それでは Kyphosis データのモデリングに戻りましょう．図 2.7 の平滑曲線を眺めると，Age, Number, Start のどの変量に対しても平滑曲線自体は直

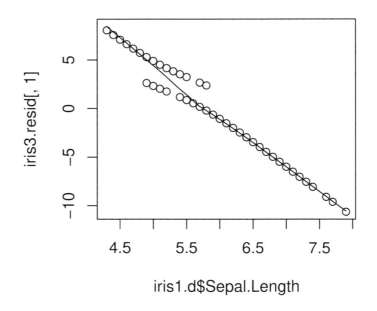

図 2.9 Sepal.Length だけで説明している GLM

線になっていません. Age は平滑曲線は上に凸の形状をしており, やや 2 次曲線的な非線形性の存在が見て取れます. Number は 8 以上の 2 点を除けば, 直線的な構造をしています. Start は直線が水平に延びていますが, 12 を過ぎたあたりで下に折れ曲がっているようです.

さらに思い出して欲しいのは, 図 2.6 での議論です. これは Start と Number の間に負の相関が生じているという事実でした. 2 つはおおむね線形関係にあったので, 安直なやり方ではありますが, 片方の変量を落としてしまっても説明力は十分なのかもしれません.

これらのことを念頭に置きながら, 変量間に存在する非線形性の解消を図るため, 次節でセミパラメトリックモデルの導入を検討したいと思います.

2.4 セミパラメトリックなモデルの検討

2.4.1 一般化加法モデル

前節で取り上げた一般化線形モデルは、ラフな言い方をすれば、リンク関数 f を通じて被説明変数である確率変数 Y の期待値を説明変数の線形結合で説明する

$$f(E(Y)) = \alpha + \beta_1 X_1 + \beta_2 X_2 + \cdots + \beta_p X_P$$

というモデルです。そして、ある確率変数の期待値を逆リンク関数 f^{-1} を使って

$$E(Y) = f^{-1}(\alpha + \beta_1 X_1 + \beta_2 X_2 + \cdots + \beta_p X_P)$$

と書き換えられます。この枠組みを拡張したモデルが**一般化加法モデル** (generalized additive model, GAM) です。各説明変数に内在する非線形性を平滑化関数 $g_1, g_2, \ldots, g_p$ を通じて捉えます。具体的には

$$f(E(Y)) = \alpha + g_1(X_1) + g_2(X_2) + \cdots + g(X_P)$$

という形式で記述されます。ここで、平滑化関数 g_i としては、**スプライン** (spline) や**局所多項式回帰** (lowess) がよく用いられます。一般化線形モデルでは説明できない非線形性があったときなどは、明示的な関数を与えなくてもモデルフィッティングできるので、関数形が非常に複雑な場合でも一般加法モデルは容易にそれを表現できます。

2.4.2 R による一般化加法モデルの当てはめ

ここでは一般化加法モデルのための R のパッケージ gam を用います。インストールしていない読者は、install.packages 等を使ってインストールしてください。

パッケージ名と同名の関数 gam が一般化加法モデルの当てはめ関数です。スプラインで平滑曲線を得る代わりに局所多項式回帰を使う場合は、関数 s で指定した部分を関数 lo に置き換えれば実行可能です。

いずれに変量で非線形性が見て取れたことから、各変量に対してスプライ

14)
本当は偏残差プロットを
丁寧に眺めて外れ値など
を吟味し非線形性の原因
を調べたほうが良いので
すが，ここでは紙面の都
合を考慮して一足飛びに
分析を進めています．

ンをかけた一般化加法モデルも当てはめて見ます[14]．

```
> kyph.gam=gam(Kyphosis ~ s(Age) + s(Number)+ s(Start),
+ family=binomial,data=kyphosis)
```

さらに次のコマンドを入力し，得られた平滑曲線を通じて非線形性確認して
みましょう．

```
> par(mfcol=c(1,3))
> plot(kyph.gam,residual=T,rug=F,scale=15)
```

得られた図 2.10 における各変量に対する平滑曲線の形状は，さきほどの偏残

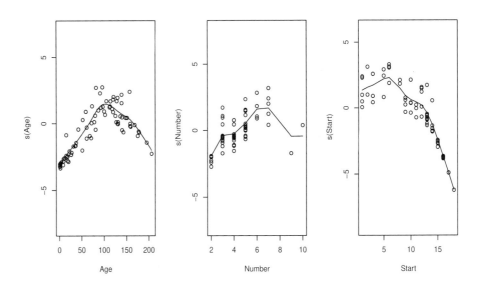

図 **2.10**　kyph.gam を通じた非線形性の検出

差プロットのそれと酷似していますので，一般化線形モデルのあてはめでは
残ってしまっていた非線形性がある程度解消されたことがわかります．念の
ため，判別力がどの程度変化したか調べてみます．

```
> gam.logical=fitted(kyph.gam) >= 0.5
> table(gam.logical, kyphosis$Kyphosis=="present")

gam.logical FALSE TRUE
      FALSE    59    6
      TRUE      5   11
```

誤答数は 13 個から 11 個に減っていますので，非線形性を解消することで判
別力は上がるようです．さらに Age の形状は手術の成否に対して重要な示唆
を与えています．それというのも Age のスプラインの形状が 100 あたりを
ピークにした単峰形をしているからです．これは月齢が子供が小さいうちに
手術をすれば症状が残る確率は減るが，ある程度の月齢になってしまった場
合はむしろ体の成長が止まってから手術をしたほうが症状が残りにくいとい
うことを示唆しています．

　他の 2 つの変量はどうでしょうか．どちらも単峰形ではありますが，そも
そも背景をよく考えるとこれらの変量には解釈を付けにくいことに気がつき
ます．なぜならば，背骨の数には限りがあるので，手術の開始位置の番号が
小さければ背骨を数多く手術できますし，開始位置の番号が大きければ，手
術できる背骨の数は少なくなるからです．つまり，2 つの変量の間には負の
比例関係ないし反比例の存在が疑われるということになります．やはり 1 つ
の変量は冗長ということなるかもしれません．ここでは関数 update を用い
て Number を取り除きモデルをあてはめ直してみたいと思います．

```
> kyph.gam2=update(kyph.gam,~. -s(Number))
```

さらにアップデートされたモデルで予測精度を調べてみましょう．

```
> gam.logical=fitted(kyph.gam2) > 0.5
> table(gam.logical, kyphosis$Kyphosis=="present")

gam.logical FALSE TRUE
      FALSE    60    6
      TRUE      4   11
```

誤答数は合計 10 個になり，Number を入れているモデルよりも，さらに 1 つ

減っていることがわかります．つまり，一般化加法モデルによるモデリング
であれば，Number は冗長であり，フィッティングにもほぼ影響ないと思われ
ます．理屈から言えば Start を取り除いたモデルも考えられますが，実はこ
ちらはうまくいきません．各自で試していただければわかりますが，誤答数
が増えてしまいました．また Number という変量は医師がコントロールでき
るので，実用の時には注意が必要です．今回のモデリングから分かったこと
は，手術すべき背骨の数が多いと症状が残る確率が高いという結果なのです
が，これを誤解し，処置する背骨の数を減らせば症状が改善すると考え，意
図的に手術すべき背骨の数を減らそうする危険がないとは言えません．読者
の方はおそらくそんな馬鹿なことは起きないと思うでしょうが，変量の背景
情報を正確に理解せずにモデリングに使い，このような間違いを犯している
例は実務ではそこら中に潜んでいます．

　再びモデリングの作業に戻りましょう．次は kyph.gam2 の非線形性を視覚
化してみます．

```
> par(mfcol=c(1,2))
> plot(kyph.gam2,residuals=T,rug=F)
```

図 2.11 を見る限り，Number を取り除いたことによって平滑曲線の形状が大

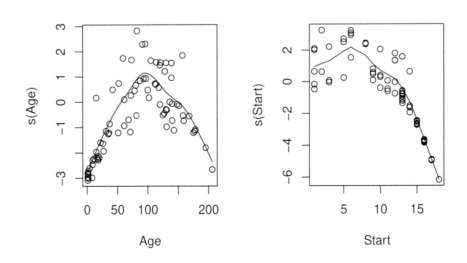

図 **2.11**　kyph.gam2 を通じた非線形性の検出

きく変わっているようには見えません.

2.5 さらなるモデルの検討

　加法モデルの良いところは，変量のもつ非線形性を容易に取り込めること
にありますが，外れ値の影響により平滑化関数が過剰に反応してしまうこと
もあるので，オーバーフィッティングになりやすいという悪い面もあります.
そのため，最終的に採用するモデルは，これまでの分析で明らかになった性
質を考慮しつつ，頑健な形で再モデル化を行うことが多いです.たとえば，
Chambers and Hastie(1992) の中でも kyphosis データの分析が取り上げら
れていますが，そこでは最終的に次のような非線形モデルが構築されています.

$$\log \frac{p}{1-p} = \alpha + \beta_1 \text{Age} + \beta_2 \text{Age}^2 + \beta_3 (\text{Start} - 12) \times I(\text{Start} > 12) \quad (2.10)$$

ここで p は術後に症状が残る確率，I は指示関数を表しています.Start の下
限に 12 が基準に選ばれた理由は分析者の視覚的な判断だと思われますが，た
とえば次のような決定木（ここでは分類木）(classification tree) を描くと判
断しやすいです.

```
> library(rpart)
> kyph.rp=rpart(Kyphosis~Age+Start,
+ parms=list(split="information"),data=kyphosis)
> par(xpd=T)
> plot(kyph.rp,compress=T)
> text(kyph.rp,use.n=T)
```

決定木の使い方は次章で説明しますが，図 2.12 のような決定木のデンドログ
ラムでは，分類に重要な変量ほど上位に表示されます.この決定木では最初
に変量 Start が 12.5 か否かで手術の成否の分類が大きく変わるということ
を示していますから，指示関数による 12 を境界とした区分の導入は支持さ
れているように思われます.また，このモデル (2.10) では，Start の 12 番
目以降を手術した場合のみ術後に症状が残る確率が線形で減少するような区
分線形モデルを導入しています.さらに Age については 2 次関数を通じてそ
の確率に影響を及ぼすような工夫が施されています.これは図 2.11 の非線形

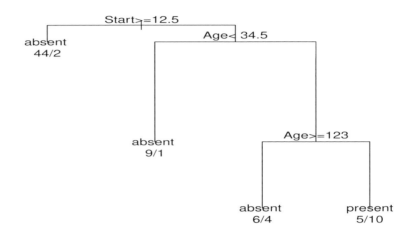

図 2.12　Age と Start で Kyphosis を説明する決定木

性を表現しているとにほかなりません.

　具体的にモデル (2.10) を実際にあてはめるためには次のようなコマンドを入力します.

```
> kyph.glm4=glm(Kyphosis ~ poly(Age,2)+
+ I((Start > 12)*(Start-12)),family=binomial,data=kyphosis)
> kyph.glm4

Call:  glm(formula = Kyphosis ~ poly(Age, 2) +
I((Start > 12) * (Start - 12)), family = binomial,
data = kyphosis)

Coefficients:
                  (Intercept)
                     -0.6849
                  poly(Age, 2)1
```

```
                           5.7721
                       poly(Age, 2)2
                           -10.3247
     I((Start > 12) * (Start - 12))
                           -1.3512


Degrees of Freedom: 80 Total (i.e. Null);   77 Residual
Null Deviance:        83.23
Residual Deviance: 51.95          AIC: 59.95
```

さらに gam パッケージの関数 plot.Gam を使うと各変数の主効果に対する
偏残差のプロットが得られるので，ここではそれを使ってみましょう．残差

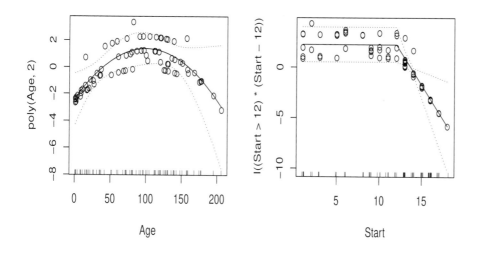

図 **2.13** plot.Gam による Age と Start の偏残差プロット

の形状を見る限り，概ね期待通りのフィッティングが得られているように見
えます．ただし，モデル (2.10) のインサンプルでの誤答数は 13 個になってし
まい，正答率はあまり高くありません．これは分析者がモデルの表現の簡潔
さとのトレードオフを考えた結果だと思われます．

Chambers and Hastie[2] ではこのモデルを最終的に採択していますが，た
とえば，次のような点についてまだ検討の余地があるかもしれません．

15)

種類が違うということは
それぞれの機能は違うだ
ろうと考えての著者の意
見です．実際，頚椎によっ
て接続している筋肉の種
類や筋肉の層に違いはあ
りますので，症状や手術
の仕方に多少の違いはで
ると想像しています．

1. Start の症状への影響は，12 番目以降を線形にしてよいのか．そもそも Start の数値はラベルに過ぎないので，因子変量として検討してもよいのではないか．

2. Start の範囲を見ると 1 番から 18 番までであるが，頚椎 7 個，胸椎 12 個，腰椎 5 個，仙椎 5 個，尾椎 4 個と計 33 個あるので数が合わない．おそらく胸椎 + α だと推定されるが，それぞれの椎骨には機能的な違いがある[15]ので，それをモデルに反映してもよいのではないか．

16)

処理対比などによる対比
を用いたコーディングを
行うという意味です．

1. については背景を踏まえればもっともな意見だと思いますが，81 記録しかないデータ数が問題となって断念したと推察しています．仮に 18 種類の分類を示す因子を導入する[16]と推定すべきパラメタ数は 17 個に増えてしまい，データ数に比してモデルのパラメタ数が多くなってしまい，過剰適合を起こす懸念があるからです．2. の検討も本質的には 1. と同じです．データ取得者が正確に背景情報を記述し保存しておけば容易に検証できる問題なのですが，R のヘルプを読む限りは Start は椎骨の番号という以外の手掛かりはありませんでした．「なぜ」を突き詰めて考えていくと，このような背景情報の不足に直面しモデリングが止まってしまうことがしばしばあります．データ取得者にコンタクトできるような状況であれば障壁を乗り越えられますが，それでも時間がたてば取得者自身も忘れてしまうことがあります．現代はデータの洪水になっており，それらを守る堤防としてのデータのインフラストラクチャの整備がますます重要になってくると考えています[17]．

17)

著者はもともとデータの
インフラストラクチャの
設計と実装を研究してい
ました．慶應大名誉教授
の柴田里程先生が主宰し
ているデータサイエンス
コンソーシアムのホーム
ページに当時のプロジェ
クト（DandD Project）
の記録が残っています．
(http://lab.datascience.jp/
DandDIV/index.ja.html)

3 教師あり機械学習の基礎

この章の目的は，典型的な**教師あり機械学習** (supervised learning) を使ったモデリングについての概説と，エンジニアリングによるデータのモデル化の利点と欠点を解説することです．

教師あり機械学習の手法は多数ありますが，この章では Kyphosis データの手術の成否について判別できる，実務での利用頻度が高い機械学習法のみを取り上げます．機械学習の書籍は多数ありますので，各手法の数理的な説明は最小限にととどめ，データサイエンスにおけるモデリングとの違いに焦点をあてて説明します．

本書では，データサイエンスとデータエンジニアリングとの対比を重視しているので，モデリングという言葉を多用してきましたが，機械学習の分野では通常，本書で言うところのモデルという言葉は使わず，代わりに**学習器** (learner) という言葉を使います．これ以後は本書でも機械学習法の説明の中で学習器という言葉を頻繁に使いますが，これはデータサイエンスにおけるモデルという言葉に対応していると考えて差し支えありません．

3.1 ロジスティック判別

3.1.1 ロジスティック判別の基礎

この節では，機械学習における**ロジスティック判別** (logistic discrimination) について概説します．実はこの手法は前節で説明したベルヌーイ分布を仮定した一般化線形モデルと密接に関係しています．そのことを簡単な数学を使って説明したいと思います．

まず，$G = \{1, 2, \ldots, g\}$ というクラス分類を考え，このクラスを与える確率変数を Y，その実現値を $y \in G$ とおきます．そして標本 x に対して各クラ

スの事後確率を $P(Y = y|\boldsymbol{x})$ としたとき，対数オッズ比 $\log \dfrac{P(Y = y|\boldsymbol{x})}{P(Y = g|\boldsymbol{x})}$ が次のような $\boldsymbol{x}$ の線形結合で表せると仮定します．

$$\log \frac{P(Y = 1|\boldsymbol{x})}{P(Y = g|\boldsymbol{x})} = b_{1,0} + \boldsymbol{b}_1^T \boldsymbol{x}$$

$$\log \frac{P(Y = 2|\boldsymbol{x})}{P(Y = g|\boldsymbol{x})} = b_{2,0} + \boldsymbol{b}_2^T \boldsymbol{x}$$

$$\vdots$$

$$\log \frac{P(Y = g-1|\boldsymbol{x})}{P(Y = g|\boldsymbol{x})} = b_{g-1,0} + \boldsymbol{b}_{g-1}^T \boldsymbol{x}$$

この右辺の記号を $\boldsymbol{\beta}_y = (b_{y,0}, \boldsymbol{b}_y^T)^T$, $\boldsymbol{x} = (1, \boldsymbol{x}^T)^T$ とすると，上の一連の式は

$$P(Y = 1|\boldsymbol{x}) = \frac{\exp[\boldsymbol{\beta}_1^T \boldsymbol{x}]}{1 + \sum_{y=1}^{g-1} \exp[\boldsymbol{\beta}_y^T \boldsymbol{x}]}$$

$$P(Y = 2|\boldsymbol{x}) = \frac{\exp[\boldsymbol{\beta}_2^T \boldsymbol{x}]}{1 + \sum_{y=1}^{g-1} \exp[\boldsymbol{\beta}_y^T \boldsymbol{x}]}$$

$$\vdots$$

$$P(Y = g-1|\boldsymbol{x}) = \frac{\exp[\boldsymbol{\beta}_{g-1}^T \boldsymbol{x}]}{1 + \sum_{y=1}^{g-1} \exp[\boldsymbol{\beta}_y^T \boldsymbol{x}]}$$

$$P(Y = g|\boldsymbol{x}) = \frac{1}{1 + \sum_{y=1}^{g-1} \exp[\boldsymbol{\beta}_y^T \boldsymbol{x}]}$$

と書き直すことができます．この判別式は，機械学習の分野ではロジスティック判別，データサイエンスや統計学の分野では**多項ロジスティック回帰モデル** (multivariate logistic regression) と呼ばれることが多いです．

　$\boldsymbol{x}_i$ $(i = 1, 2, \ldots, n)$ とそれに対応するクラス y_i $(i = 1, 2, \ldots, n)$ がデータとして得られたとします．このとき確率関数を $P(Y = y_i|\boldsymbol{x}_i, \boldsymbol{\beta}_1^T, \boldsymbol{\beta}_2^T, \ldots, \boldsymbol{\beta}_{G-1}^T) = p_{y_i}(\boldsymbol{x}_i, \boldsymbol{\beta}_1^T, \boldsymbol{\beta}_2^T, \ldots, \boldsymbol{\beta}_{G-1}^T)$ とすると対数尤度関数は

$$L(\boldsymbol{\beta}_1^T, \boldsymbol{\beta}_2^T, \ldots, \boldsymbol{\beta}_{G-1}^T) = \sum_{i=1}^{n} \log p_{y_i}(\boldsymbol{x}_i, \boldsymbol{\beta}_1^T, \boldsymbol{\beta}_2^T, \ldots, \boldsymbol{\beta}_{G-1}^T)$$

とあらわせます．よって，この $L(\boldsymbol{\beta}_1^T, \boldsymbol{\beta}_2^T, \ldots, \boldsymbol{\beta}_{G-1}^T)$ を最大化すれば最尤法によるパラメタ推定が可能になります．

問題 1

64〜65 ページのロジスティック判別における判別式の変形が正しいこと
を示せ.

2 値 $G = \{0, 1\}$ の判別の場合, さきほどの判別式は次のように書き直すこと
ができます.

$$P(Y = 1|\boldsymbol{x}) = p_1(\boldsymbol{x}; \boldsymbol{\beta}_1) = \frac{\exp[\boldsymbol{\beta}_1^T \boldsymbol{x}]}{1 + \exp[\boldsymbol{\beta}_1^T \boldsymbol{x}]} = \frac{1}{1 + \exp[-\boldsymbol{\beta}_1^T \boldsymbol{x}]}$$
$$P(Y = 0|\boldsymbol{x}) = p_0(\boldsymbol{x}; \boldsymbol{\beta}_1) = \frac{1}{1 + \exp[\boldsymbol{\beta}_1^T \boldsymbol{x}]}$$

$P(Y = 1|\boldsymbol{x}) + P(Y = 0|\boldsymbol{x}) = 1$ という関係を考慮すれと, このモデルでは

$$p_1(\boldsymbol{x}; \boldsymbol{\beta}_1) = \frac{1}{1 + \exp[-\boldsymbol{\beta}_1^T \boldsymbol{x}]}$$

だけに注目すればよいことがわかります.

　この 2 値のモデルはしばしば**ロジット回帰モデル** (logit regression) と呼
ばれ,

$$\log \frac{p_1}{1 - p_1} = -\boldsymbol{\beta}_1^T \boldsymbol{x} \tag{3.1}$$

と記述されます. ただし, このモデルは最尤推定による期待値のモデル化なの
で, 線形回帰モデルような**残差項は存在しません**ので注意してください. ま
た, ロジット関数

$$f(x) = \log \frac{x}{1 - x}$$

の逆関数

$$f^{-1}(x) = \frac{1}{1 + exp(-x)}$$

を使うと (3.1) のロジット回帰モデルは

$$p = \frac{1}{1 - \exp[-\boldsymbol{\beta}_1^T \boldsymbol{x}]} \tag{3.2}$$

と表すこともできます. この逆関数 f^{-1} は**ロジスティック変換**, またはロジ
スティックシグモイド関数 (logistic sigmoid function) と呼ばれることから,
(3.2) で表現したモデルを**ロジスティック回帰モデル** (logistic regression) と呼
ぶことがあります.

> 問題 2 ─────────────────────

$\boldsymbol{x}_i$ $(i = 1, 2, \ldots, n)$ とそれに対応するクラス y_i $(i = 1, 2, \ldots, n)$ がデータとして得られたとする．そのとき対数尤度関数が

$$L(\boldsymbol{\beta}_1) = \sum_{i=1}^{n} y_i \boldsymbol{\beta}_1^T \boldsymbol{x}_i - \log(1 + \exp(\boldsymbol{\beta}_1^T \boldsymbol{x}_i))$$

となることを示せ．

3.1.2　R によるロジスティック判別の実行

ロジット回帰モデルの場合，前節の問題 2 の対数尤度を最大化すれば，パラメタの最尤推定が可能になります．つまり，この対数尤度関数を偏微分して

$$\frac{\partial L(\boldsymbol{\beta}_1)}{\partial \boldsymbol{\beta}_1} = \boldsymbol{0}$$

という方程式を導き，それを数値計算してパラメタを求めればよいことになります．R ではパッケージ nnet の関数 multinom で実行できます．Kyphosis データを用いてロジスティック判別をしてみましょう．

```
> library(nnet)
> multinom(Kyphosis~Age+Number+Start,kyphosis)
# weights:  5 (4 variable)
initial  value 56.144922
iter  10 value 30.689978
final  value 30.689971
converged
Call:
multinom(formula = Kyphosis ~ Age + Number + Start,
    data = kyphosis)

Coefficients:
(Intercept)         Age     Number       Start
-2.03158423  0.01091536  0.40997931 -0.20657820

Residual Deviance: 61.37994
```

```
AIC: 69.37994
```

これはベルヌーイ分布を仮定した一般化線形モデルと理屈としては同じですので，関数 glm で実行した結果と変わりません.

```
> glm(Kyphosis~Age+Number+Start,kyphosis,family=binomial)

Call:  glm(formula = Kyphosis ~ Age + Number + Start,
    family = binomial, data = kyphosis)

Coefficients:
(Intercept)         Age       Number        Start
   -2.03693     0.01093      0.41060     -0.20651

Degrees of Freedom: 80 Total (i.e. Null);  77 Residual
Null Deviance:       83.23
Residual Deviance: 61.38          AIC: 69.38
```

2 つの実行結果を比較するとほんの少しだけ係数の大きさが変わりますが，glm と multinom が実装している計算アルゴリズムの違いが影響していると思われます.

次は多値データとして 2 章で取り上げた iris データを用い，setosa, versicolor, virsinica の 3 種類を分類しましょう.

```
> iris.mn=multinom(Species~.,data=iris)
> iris.mn
Call:
multinom(formula = Species ~ ., data = iris)

Call:
multinom(formula = Species ~ ., data = iris)

Coefficients:
          (Intercept) Sepal.Length Sepal.Width
```

```
versicolor     18.69037     -5.458424    -8.707401
virginica     -23.83628     -7.923634   -15.370769
            Petal.Length Petal.Width
versicolor     14.24477     -3.097684
virginica      23.65978     15.135301


Residual Deviance: 11.89973
AIC: 31.89973
```

Coeffcients は versicolor である確率を示すモデルと virginica である確率を示すモデルの係数を示します．つまり，

$$\log \frac{p_{ve}}{1 - p_{ve} - p_{vi}} = 18.7 - 5.5 \times \text{Sepal.Length} - 8.7 \times \text{Sepal.Width}$$
$$+ 14.2 \times \text{Petal.Length} - 3.1 \times \text{Petal.Width}$$

$$\log \frac{p_{vi}}{1 - p_{ve} - p_{vi}} = -23.8 - 7.95 \times \text{Sepal.Length} - 15.4 \times \text{Sepal.Width}$$
$$+ 23.7 \times \text{Petal.Length} + 15.1 \times \text{Petal.Width}$$

というモデルです．ここで p_{ve} と p_{vi} はそれぞれ versicolor と virsinica である確率を示します．ちなみに 2 つの確率を 1 から引けば setosa である確率がわかりますので，モデルの推定は不要です．

それでは学習データに対する正答率を調べてみましょう．

```
> sum(predict(iris.mn)==iris$Species)
[1] 148
> 148/150
[1] 0.9866667
```

およそ 98.7 % の正答率ということになりました．

これまではすべてのデータを使ってモデリングを行いましたが，機械学習では通常このようなモデリングを行いません．次節では機械学習で行われる典型的なフローにもとづくモデリングのやり方について説明したいと思います．

3.1.3　学習器の性能評価と検証法

機械学習によるモデルフィッティングでは，2 章のデータサイエンスのモデ

リングのフローのようなグラフィカルな表現などを利用して探索的に異常値を調べたり，説明変量の非線形性などを議論することはあまりやりません[1]．その代わりに損失関数で求めた数値を指標とした検証法を通じて，あてはめたモデルの性能の良し悪しを議論します．機械学習ではあてはめたモデルのことを学習器と呼びますので，以後は学習器をモデルと同様の意味の言葉として使います．

　データでは複数の説明変数 x に対してラベル y が割り当てられているので，x を入力したら正しい y が返ってくる学習器が優秀であるということになりますので，どれだけ割合だけ正解したかという指標は性能評価としては最もシンプルです．このような指標を求める損失関数のことを**誤り率** (error rate) と呼びます．学習器を関数 f とし，データを (x_i, y_i) $(i = 1, 2, \ldots, n)$ とすれば，

$$\frac{1}{n} \sum_{i=1}^{n} I\{f(x_i) = y_i\}$$

が誤り率の定義となります．ここで I は指示関数です．もし，y が数値ならば

$$\frac{1}{n} \sum_{i=1}^{n} \frac{1}{2} \left[y_i - f(x_i)\right]^2$$

が用いられます[2]．これを**二乗損失** (squared error) と呼びます．本書の教師付き機械学習法では分類しか扱いませんので二乗損失自体は使いませんが，回帰の問題では最もよく使う指標ですのでここで紹介しました．ほかにもいくつかの損失関数がありますが，解説で必要になった段階で適宜紹介したいと思います．

　損失関数を用いた検証法のうちもっとも簡便な手法は，**ホールドアウト検証** (holdout testing) です．手元にあるデータを無作為に 2 群にわけて，片方のデータセットを学習器の学習（訓練）に使い，もう片方で予測を行うことで学習器を性能を調べるというやり方を行います．この 2 つにわけた学習用のデータと予測用のデータのことを**インサンプルデータ**，**アウトサンプルデータ**ということがあります．訓練済みの学習器に対して，インサンプルデータを用いて計測した損失関数の値を**訓練誤差** (training error)，アウトサンプルデータに対する損失関数の値を**汎化誤差** (generalization error) といいます．通常の検証法では，異なる手法やパラメタ値が違う複数の学習器に対して汎化誤差を計算し，それが最小の学習器を採択します．

現場で最も用いられる検証法はおそらく **k 分割交差検証法** です．この交差検証法はしばしば **クロスバリデーション** (cross validation) とも呼ばれます．この検証法では，最初にデータを k 群に分けます．この k 群のうち 1 つの群を選んで予測に使い，残りのデータを学習に用いて学習器の性能を検証します．この群の選択の操作を k 群すべてに対して実施して，合計 k 回の予測を行い，学習器の汎化誤差を計算する方法です．k 分割交差検証法では 1 つの学習器に対して k 個の汎化誤差が求められますので，それらを算術平均した値をその学習器の汎化誤差とします．そして，最も汎化誤差が小さいものが学習器として採択されます[3]．

特に断りない限り，本書では学習器の性能の検証法として誤り率に基づくホールドアウト検証を用います．

3)
k をデータ数 n にした場合，特別に **leave one out 交差検証法** (leave one out cross validation) と呼ばれることがあります．

3.2　サポートベクターマシン

3.2.1　サポートベクターマシンの基礎

この節では **サポートベクターマシン** (support vector machine) と呼ばれる機械学習法を取り上げます．kyphosis のデータの分析をすることが目的ですから，ここでは 2 値の判別問題を考えて，サポートベクターマシンの数理的な背景を簡単に解説します．データは $\{(y_i, \boldsymbol{x}_i)|i = 1, 2, \ldots, n\}$ とし，ラベルを $y_i \in \{-1, +1\}$ とあらわします．また，入力 $\boldsymbol{x}$ の空間 R^p としたとき，$\boldsymbol{x}$ を別の高次元空間 $\mathcal{R}$ へ写す写像を ϕ とします．つまり，$\phi : R^P \to \mathcal{R}$ となります．

R^p 上では 2 つのグループに分割が困難な場合でも，あらたな空間 $\mathcal{R}$ 上ではうまく 2 つのグループに分割できることもあります．つまり $\mathcal{R}$ 上の関数 $\boldsymbol{w}^T \phi(\boldsymbol{x}) + b$ を用いて，

$$y_i = +1 \Rightarrow \boldsymbol{w}^T \phi(\boldsymbol{x}) + b > 0$$
$$y_i = -1 \Rightarrow \boldsymbol{w}^T \phi(\boldsymbol{x}) + b < 0$$

となるような分割が得られないか探ることがサポートベクターマシンの目的です．

空間 $\mathcal{R}$ 上で完全分割できる超平面[4] が複数得られたとき，データは空間 $\mathcal{R}$ で **線形分離可能** (linearly separable) といいます．また，この中で最も分割

4)
n 次元空間の超平面とは，$n - 1$ 次の平坦な部分集合のこと．3 次元空間における 2 次元平面の拡張になっています．

に適した超平面を選ぶ基準を**マージン最大化** (maximum-margin hyperplane)
と呼びます．マージンとは学習データから超平面までの距離のことであり，

$$\min_i \frac{|\boldsymbol{w}^T\phi(\boldsymbol{x}_i)+b|}{\|\boldsymbol{w}\|}$$

で与えられます[5]．このマージン最大化を満たす超平面を学習データでもと
め，アウトサンプルのデータ点はどちら側にあるかでラベルの予測します．

これらを最適化問題に書き直すと，

$$\max_{\boldsymbol{w},b}\min_i \frac{|\boldsymbol{w}^T\phi(\boldsymbol{x}_i)+b|}{\|\boldsymbol{w}\|},\quad s.t.\quad y_i(\boldsymbol{w}^T\phi(\boldsymbol{x}_i)+b)>0,\quad i=1,2,\ldots,n$$

5)

いわゆる点と平面の距
離の式．このとき点は
$\phi(\boldsymbol{x}_i)$.

となり，解を $\hat{\boldsymbol{w}},\hat{b}$ とすれば学習器は

$$f(\boldsymbol{x})=sgn(\hat{\boldsymbol{w}}^T\phi(\boldsymbol{x})+\hat{b})$$

となります．

先の最適化の問題において $\max_{\boldsymbol{w},b}\frac{1}{\|\boldsymbol{w}\|}$ を解きやすい $\min_{\boldsymbol{w},b}\frac{1}{2}\|\boldsymbol{w}\|^2$ に変
形し，最適化問題を

$$\min_{\boldsymbol{w},b}\frac{1}{2}\|\boldsymbol{w}\|^2\quad s.t.\quad y_i(\boldsymbol{w}^T\phi(\boldsymbol{x}_i)+b)\geq 1\ (i=1,2,\ldots,n),\ \min_i|\boldsymbol{w}^T\phi(\boldsymbol{x}_i)+b|=1$$

と変形しても超平面 $\boldsymbol{w}^T\phi(\boldsymbol{x})+b=0$ 自身はそのままなので，学習器の推定
に影響はしません．さらに $\min_i|\boldsymbol{w}^T\phi(\boldsymbol{x}_i)+b|=1$ という制約式を除いても
最適解が変化しませんから，問題は

$$\min_{\boldsymbol{w},b}\frac{1}{2}\|\boldsymbol{w}\|^2\quad s.t.\quad y_i(\boldsymbol{w}^T\phi(\boldsymbol{x}_i)+b)\geq 1\ (i=1,2,\ldots,n)$$

となります．また，解 $\boldsymbol{w}$ は $\{\phi(\boldsymbol{x}_1),\phi(\boldsymbol{x}_2),\ldots,\phi(\boldsymbol{x}_n)\}$ の張る空間上に存在
するので

$$\boldsymbol{w}=\sum_{i=1}^n \alpha_i\phi(\boldsymbol{x}_i)$$

と書けることから，この最適化問題は

$$\min_{\alpha_1,\ldots,\alpha_n,b}\frac{1}{2}\sum_{i,j=1}^n \alpha_i\alpha_j\phi(\boldsymbol{x}_i)^T\phi(\boldsymbol{x}_j)\quad s.t.\quad y_i\left(\sum_{j=1}^n \alpha_j\phi(\boldsymbol{x}_j)^T\phi(\boldsymbol{x}_i)+b\right)\geq 1,\quad i=1,2,\ldots,n$$

と書き直せます[6]．

先の最適化問題では関数 ϕ が常に $\phi(\boldsymbol{x})^T\phi(\boldsymbol{x})$ であらわされますので，

6)

s.t. は such that の略
で，条件式を明示する慣
用語です．

$k(\boldsymbol{x}, \boldsymbol{x}') = \phi(\boldsymbol{x})^T \phi(\boldsymbol{x}')$ とおいて，$k(\boldsymbol{x}, \boldsymbol{x}')$ をカーネル関数と呼びます．さらに行列 $K = (K_{i,j})$，$K_{i,j} = k(\boldsymbol{x}_i, \boldsymbol{x}_j)$ を定義すると，先の最適化問題は $\boldsymbol{\alpha} = (\alpha_1, \ldots, \alpha_n)$ とすれば

$$\min_{\alpha_1, \ldots, \alpha_n, b} \frac{1}{2} \boldsymbol{\alpha}^T K \boldsymbol{\alpha} \quad s.t. \quad y_i \left(\sum_{j=1}^{n} \alpha_j K_{ji} + b \right) \geq 1, \quad i = 1, 2, \ldots, n$$

と変形できます．この問題の解を $\hat{\boldsymbol{\alpha}}, \hat{b}$ とすれば，学習器は

$$f(\boldsymbol{x}) = \sum_{i=1}^{n} \hat{\alpha}_i k(\boldsymbol{x}_i, \boldsymbol{x}) + \hat{b}$$

とあらわせます．この学習器の中に埋め込まれた $\boldsymbol{x}_i$ のことを**サポートベクター** (support vector) と呼びます．

カーネル関数 $k(\boldsymbol{x}, \boldsymbol{x}')$ としては次の関数がよく用いられます．

- 線形カーネル． $k(\boldsymbol{x}, \boldsymbol{x}') = \boldsymbol{x}^T \boldsymbol{x}'$
- 多項式カーネル．$k(\boldsymbol{x}, \boldsymbol{x}') = (c_1 \boldsymbol{x}^T \boldsymbol{x}' + c_0)^d$
- ガウシアンカーネル．$k(\boldsymbol{x}, \boldsymbol{x}') = \exp(-\sigma \|\boldsymbol{x}^T \boldsymbol{x}'\|^2)$
- 正接カーネル．$k(\boldsymbol{x}, \boldsymbol{x}') = \tanh(c_1 \boldsymbol{x}^T \boldsymbol{x}' + c_0)$

これまでの議論では高次元空間にデータを写した際に線形分離できることが条件となっていました．しかしながら現実の問題では必ずしもそうなるとは限りません．そのため，マージンのかわりに**ソフトマージン** (soft margin) を定義し，それを最大化して問題を解く方法があります．なお，前節で取り上げたマージンはこのソフトマージンという言葉に対応させて，しばしば**ハードマージン** (hard margin) と呼ばれます．

通常，線形分離可能な場合は任意の点 $\boldsymbol{x}_i$ で

$$y_i(\boldsymbol{w}^T \phi(\boldsymbol{x}_i) + b) \geq 1$$

となりますが，線形分離不可能な点 $\boldsymbol{x}_e$ が存在する場合は，

$$y_i(\boldsymbol{w}^T \phi(\boldsymbol{x}_e) + b) < 1$$

となります．このとき，線形分離不可能なケースでも $y_i(\boldsymbol{w}^T \phi(\boldsymbol{x}_e) + b)$ の値が 1 に近かったとすればおおよそ分離できたみなすことにしてパラメータ $\boldsymbol{w}, b$ を定めようというアイデアがソフトマージンによる分類の基本になっています．

　ソフトマージンによる分類では，ペナルティとして $\xi_i = \max\{1 - y_i(\boldsymbol{w}^T\phi(\boldsymbol{x}_i) + b), 0\}$ を導入します．線形分離できている場合，このペナルティ ξ_i は 0 となります．そうでなければ $1 - y_i(\boldsymbol{w}^T\phi(\boldsymbol{x}_i) + b)$ の値になりますので，このペナルティが 0 に近いほどより望ましい分類ということになりますから，最適化問題は

$$\min_{\boldsymbol{w}, b} \frac{1}{2}\|w\|^2 + C\sum_{i=1}^{n}\max\{1 - y_i(\boldsymbol{w}^T\phi(\boldsymbol{x}_i) + b), 0\}$$

のように書き換えられ，さらにカーネル関数を使えば

$$\min_{\alpha_1, \ldots, \alpha_n, b} \frac{1}{2}\boldsymbol{\alpha}^T K \boldsymbol{\alpha} + C\sum_{i}\max\left\{1 - y_i\left(\sum_{j=1}^{n}\alpha_j K_{ji} + b\right)\right\}$$

とあらわすことができます．

3.2.2　R によるサポートベクターマシンの実行

　サポートベクターマシンを扱う R のパッケージはいくつかありますが，本書では kernlab パッケージの関数 ksvm を用います．

　カーネル関数は引数 kernel で指定します．以下はそのオプションの一覧になります．

- 線形カーネル．値は "vanilladot"
- 多項式カーネル．値は "polydot"
- ガウシアンカーネル．値は "rbfdot"
- 正接カーネル．値は "tanhdot"

Kyphosis データに対して線形カーネルとガウシアンカーネルを使ってサポートベクターマシンを適用します．使い方に慣れるために，あえてすべてのデータを訓練データとして使ってみます．

```
> kyph.svm1=ksvm(Kyphosis~.,data=kyphosis,
+ type="C-svc",kernel="vanilladot")
Setting default kernel parameters
> table(Kyphosis=="present",predict(kyph.svm1))


        absent present
  FALSE     60       4
  TRUE      11       6
> kyph.svm2=ksvm(Kyphosis~.,data=kyphosis,type="C-svc",
+ kernel="rbfdot")
> table(Kyphosis=="present",predict(kyph.svm2))


        absent present
  FALSE     64       0
  TRUE       9       8
```

インサンプルでのエラーを比べれば，ガウシアンカーネルのほうが分類性能が高いことがわかります[7]．なお，上記の `kyph.svm2` を求めなおすたびに推定結果がわずかながら変化してしまいます．これはカーネルパラメータの推定で用いられる関数 `sigest` の中で乱数が用いられているための影響です．そのため `kvph.svm2` の結果は，読者の実行した結果と少しだけ異なる可能性があります．

　関数 `ksvm` では，引数 C で，ソフトマージンのペナルティの影響を調整できます．ソフトマージンによるサポートベクターマシンの最適化問題では，C が大きくなればなるほどペナルティの影響は小さくなります．もし，$C = \infty$ であれば $\{1 - y_i(\boldsymbol{w}^T\phi(\boldsymbol{x}_i) + b), 0\}$ は発散しないよう常に 0 でなければならず，結果としてハードマージンと一致します．なお，C は先の関数 `ksvm` の引数の C で指定することができます．それでは C を調整して正答数の変化を調べてみましょう．

7)
線形カーネルでうまくいくようであれば，サポートベクターマシンのような複雑な仕掛けをつかわず，線形判別分析などを使ったほうが解釈がしやすいです．

```
> result=NULL
> for(i in 1:50/10){
+ kyph.svm3=ksvm(Kyphosis~.,data=kyphosis,kernel="rbfdot",
+ C=i)
+ result=c(result,sum(predict(kyph.svm3)==kyphosis$Kyphosis))
+ }
> plot(1:50/10,result,type="l")
```

上記のコマンドを入力すると図 3.1 が得られます．ここでは C を 0.1 刻みで

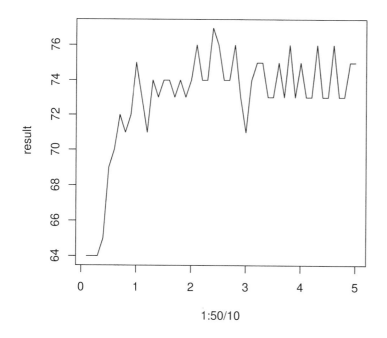

図 **3.1** C を変化させたときの正答数の変化

5 まで変化させています．おおよそ $C = 1$ を超えたあたりで正答数が安定してきていることがわかります．ただし，この図も関数 sigest の影響で，毎回結果が変わる点には注意してください．

　次にインサンプルとアウトサンプルにデータを分けて汎化性能が高い C を探索してみましょう．関数 sample はランダムサンプリングを実行する関数

であり，81 個の数値の中から 7 割に相当する数値を非復元抽出でサンプリングしています．ここでは損失関数として誤り率を使います．

```
> set.seed(0)
> index=sample(81,81*0.7)
> result=NULL
> for(i in 1:50/10){
+ kyph.svm3=ksvm(Kyphosis~.,data=kyphosis[index,],
+ kernel="rbfdot",C=i)
+ total=sum(predict(kyph.svm3,
+ kyphosis[-index,])!=kyphosis$Kyphosis[-index])
+ result=c(result,total/(81-length(index)))
+ }
> plot(1:50/10,result,type="l")
```

図 3.2 は誤り率の変化を示しています．おおむね 4 を超えたあたりでは，ほぼすべて正答していることがわかります．以上のようにサポートベクターマシンはパラメタを調整することで正答率を大幅に向上できることがわかりました．これは大きな魅力といえるでしょう．その一方で，各変量がどのように手術に影響しているかということについては解釈できません．

3.3　決定木

3.3.1　分類木の基礎

決定木 (decision tree) には，回帰木 (regression tree) と分類木 (classification tree) という 2 種類があります．回帰木は被説明変量が数値変量，分類木のそれは因子変量[8]（いわゆるラベル）で，Kyphosis の被説明変量は因子変量ですから，本書では分類木だけを紹介します．

データが示す個体空間を R としたとき，分類木は個体空間 R による 1 つの直和分割に相当します．たとえばターミナルノード[9]の個数が l の分類木は，R が $R = \cup R_i$, $i = 1, 2, \ldots, l$ という直和に分割されていることと同等になります．

ターミナルノードを $R_m = \{(y_{m,i}, \boldsymbol{x}_{m,i}) | i = 1, 2, \ldots, n_m\}$ とします．こ

8)
分類，類別に使われる変量のこと．

9)
木構造の終端，葉に相当する部分．

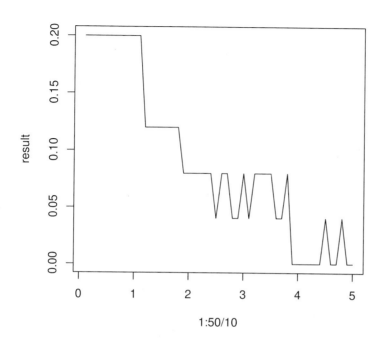

図 **3.2** C による誤り率の変化

の R_m において，因子変量である被説明変量 $\boldsymbol{y}_m$ のラベルが $y \in G = \{1, 2, \ldots, g\}$ となる確率を

$$\hat{p}_{m,y} = \frac{1}{n_m} \sum_{\boldsymbol{x}_{m,i} \in R_m} I(y_{m,i} = y)$$

と定めます．この確率が最大になるラベル y を R_m の**予測** (prediction) と呼び $\hat{y}_m$ とあらわします．

　尤離度 $D(R_m)$ とは直和分割の 1 つの集合に対するのコストであり，このコストの総和が最も小さい分割が分類木として採用されます．尤離度としてはエントロピー，誤り率，ジニ係数などがよく用いられます．**エントロピー** (entropy) は

$$D(R_m) = \sum_{y=1}^{g} \hat{p}_{m,y} \log \hat{p}_{m,y} \tag{3.3}$$

とあらわされ，**誤り率** (error rate) は

$$D(R_m) = \frac{1}{n_m} \sum_{\boldsymbol{x}_{m,i} \in R_m} I(y_{m,i} \neq \hat{y}_m) \tag{3.4}$$

とあらわされます．そして**ジニ係数** (Gini coefficient) は

$$D(R_m) = \sum_{y,y':y \neq y'} \hat{p}_{m,y}\hat{p}_{m,y'} = \sum_{y,y':y \neq y'} \hat{p}_{m,y}(1 - \hat{p}_{m,y'}) \tag{3.5}$$

とあらわされます．分類木のアルゴリズムではコストである尤離度の総和を求め，それがもっとも小さくなる直和分割 T_l を採用します．

分割をさらに深くする方法でもこの尤離度を用います．T_l のある 1 つのターミナルノードに対し，さらに分割を進めた木構造を T' とします．それぞれの尤離度の和を $D(T_l), D(T')$ とすれば，尤離度の減少は $D(T_l) - D(T')$ となります．分類木ではこの減少が最大になる分割を新たな分割として採用しています．以上の操作を事前に定めた停止条件に合致するまで進めていく手順が，分類木生成のアルゴリズムとなります．

なお，分類木では誤り率はあまり用いられません．その理由を例を通じて説明します．300 個の標本を 2 つのクラス a, b に分ける問題を考えます．a, b それぞれのラベルがつけられた標本は同数の 150 個ずつであります．分割 A は R_1 は a が 125 個，b が 25 個を含み，R_2 は a が 25 個，b が 125 個を含む一方，分割 B では R_1 は a が 150 個，b が 50 個，R_2 は a が 0 個，b が 100 個を含みます．このとき分類木のようなアルゴリズムは，分割 B のほうを望ましいと考えます．しかしながら，誤り率で尤離度を計算すると分割 A, B ともに優劣がつかないことになります．これが誤り率が積極的に用いられない理由です．

問題 3

2 つの分割 A, B それぞれの誤り率を計算せよ．

3.3.2 R による分類木の生成

R で決定木を作成する場合は，パッケージ rpart の中にある関数 rpart を使います．

まずは (3.3) 式のエントロピーを用いて尤離度を計算し，kyphosis データ

に対する分類木を作ってみます.

```
> kyph.rp=rpart(Kyphosis~.,kyphosis,
+ parms=list(split="information"))
> kyph.rp
n= 81

node), split, n, loss, yval, (yprob)
      * denotes terminal node

1) root 81 17 absent (0.79012346 0.20987654)
 2) Start>=12.5 46   2 absent (0.95652174 0.04347826) *
 3) Start< 12.5 35 15 absent (0.57142857 0.42857143)
  6) Age< 34.5 10   1 absent (0.90000000 0.10000000) *
  7) Age>=34.5 25 11 present (0.44000000 0.56000000)
   14) Number< 4.5 12   5 absent (0.58333333 0.41666667) *
   15) Number>=4.5 13   4 present (0.30769231 0.69230769) *
```

出力結果の読み方を簡単に解説します. 1) はデータ全体を示しています.
2), 3) では Start の値が 12.5 で最初の分割が起きています. 2) のノード
では absent　が 95% 強存在し * がついているので, これ以上の分割は進み
ません. 3) では absent がやや多いだけですから分割が続行し, 6), 7) で
Age の値 34.5 を境に新たな分割が行われています. このような形で停止条件
にマッチするまで分割が進むことになります. もし, 尤離度を (3.5) 式のジ
ニ係数で計算する場合は引数を parms=list(split="gini") と指定すれば
計算することができます[10].

　このような数値による出力は読み取りや解釈は少し面倒なので, 通常のデー
タ分析ではデンドログラム (dendrogram)[11] というグラフィカル表現を利用
します. 今回の分類木のデンドログラムは, 関数 plot と text を用いるこ
とで得られます.

```
> plot(ito.rp)
> text(ito.rp)
```

上記のコマンドを入力して得られたデンドログラムが図 3.3 になります. 木

[10]
著者が調べた限りでは
rpart に (3.4) 式の誤り
率で計算するオプション
はないようです.

[11]
系統を示す図としても使
われます.

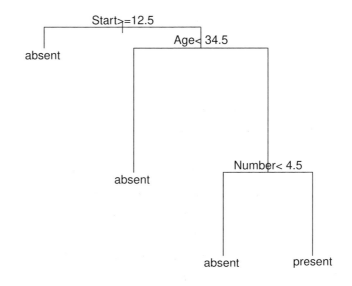

図 **3.3** kyphosis の分類木

の分岐を眺めると，先ほど説明した `kyph.tree` の出力結果と一致していることがわかります．木構造の上にあるほど分割に効果のある変量が並ぶので，`Start` が最も効果があり，その次が `Age` ということなります．これは 2 章のデータサイエンスによるモデリングの結果とも概ね一致していることがわかります．もちろん，`Start` の区分線形性や年齢の非線形性（2 次多項式）については読み取ることはできませんので，脊柱後湾症の患者の手術に対するアドバイスには使えませんが[12]，変量の重要度だけは測ることがことができます．これは他の機械学習法と比較しても大きな利点といえるでしょう．

次のように入力すれば，生成した分類におけるインサンプルの正答率を調べることができます．

[12]
2 章で作った非線形モデルであれば，たとえば月齢（Age）が 100 か月近く経過した患者であれば，もう少し成長してからのほうが成功率が高まるというアドバイスが可能です．

```
> table(predict(kyph.rp,type="class"),kyphosis$Kyphosis)

          absent present
  absent      60       8
  present      4       9
```

関数 rpart では引数 control を調整することで停止条件を変化させられます．control は関数 rpart.control を通じてパラメタを設定します．たとえばターミナルノードのサイズ制限の値を変更するには rpart.control の引数 minsplit の値を変更します．以下の例ではサイズを 5 に制限しています．

```
> kyph.rp2=rpart(Kyphosis~., kyphosis,
+ parms=list(split="information"),
+ control=rpart.control(minsplit=5))
> plot(kyph.rp2)
> text(kyph.rp2)
```

図 3.4 がターミナルノードサイズを 5 個に制限した分類木のデンドログラムですが，確かに木が成長していることがわかります．

　ターミナルノードサイズを小さくして木を成長させれば，あてはまりは上昇します．極論を言えばすべてのターミナルノードサイズを 1 になるまで成長させることができれば正答率は 100 ％ ということになりますが，それでは分類木でモデリングする意味はありません．変量の解釈のしやすさと正答率のトレードオフを検討することが，データエンジニアの腕の見せ所ということになります．決定木の剪定の方法については Esposito et al.(1997) などに詳しく議論されていますので興味のある方は参考にするとよいでしょう．

　最後にデータをインサンプルとアウトサンプルにわけてホールドアウト検証法を実施する方法を例示しておきます．これまでの例と同様に set.seed で種を 0 にしていますから，インサンプル，アウトサンプルともに以前と例と同じ記録が選ばれています．

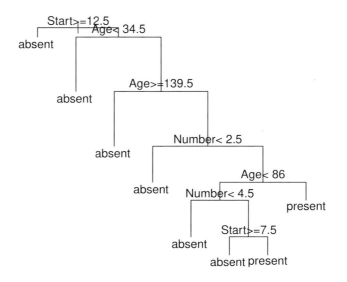

図 **3.4** ノードサイズを 5 に制限した分類木

```
> set.seed(0)
> index = sample(81, 81*0.7)
> kyph.rp.s=rpart(Kyphosis~., kyphosis[index,],
+ parms=list(split="information"))
> kyph.rp.p=predict(kyph.rp.s, kyphosis[-index,],
+ type="class")
> table(kyph.rp.p, kyphosis$Kyphosis[-index])

kyph.rp.p absent present
   absent    17       1
   present    3       4
```

上記の例は，あくまで関数の使い方を例示するために掲載しています．決定
木の成長や剪定が全くなされてない学習器ですから，性能についての議論は
あまり意味がありませんので，ここでは取り上げません．

3.3.3　決定木の問題点

　一般に，決定木は不安定な学習器であると言われています．それはデータが変化すると木構造や判別ルールが大きく変わってしまいがちだからです．実際，ルート（根）の部分での分割が変化してしまうと，各ノードにその変化が伝播してしまい，ターミナルノードに伝わるころには非常に大きな変化となってしまいます．この性質は学習データが頻繁に更新されるような現場では大きな問題となってしまいます．

　次の節で取り上げるバギングはデータにある種の揺れを与えながら複数の決定木を作成し，それらから平均的な決定木を作り出すことで決定木の性能を安定させようと試みています．

3.4　バギングとブースティング

3.4.1　ブートストラップ法とバギングの基礎

　これまでは単一の学習器を構築してきましたが，どの問題に対しても判別性能が優れている学習器は存在しないということが**ノーフリーランチ定理** (no-free lunch theorem) として知られています．そこで昨今の研究では，複数の学習器を組み合わせてひとつの学習器を構築するという手法が盛んに行われています．この節で紹介する**バギング** (bagging) はその手法の 1 つです．

　$\boldsymbol{x} = \{\boldsymbol{x}_1, \boldsymbol{x}_2, \ldots, \boldsymbol{x}_n\}$ の各要素は確率密度関数 $p(\boldsymbol{x}; \theta)$ に従う確率分布からの独立標本であり，$\hat{\theta} = t(\boldsymbol{x}_1, \boldsymbol{x}_2, \ldots, \boldsymbol{x}_n)$ をパラメータ θ の推定量とします．この推定量 $\hat{\theta}$ の平均偏差と分散

$$M(\hat{\theta}) = E(\hat{\theta}) - \theta$$
$$V(\hat{\theta}) = E\left[\left\{\hat{\theta} - E(\hat{\theta})\right\}^2\right]$$

を推定する場合，$p(\boldsymbol{x}; \theta)$ は未知なので直接計算できませんが，**ブートストラップ法** (bootstrap method) を用いると次のように計算できます．

- 手順 0. データ $\boldsymbol{D} = \{\boldsymbol{x}_1, \boldsymbol{x}_2, \ldots, \boldsymbol{x}_n\}$ から $\hat{\theta}$ を計算する．
- 手順 1. $\boldsymbol{D}$ から復元抽出を k 回行い，新しいデータ $\boldsymbol{D}^* = \{\boldsymbol{x}_1^*, \boldsymbol{x}_2^*, \ldots, \boldsymbol{x}_k^*\}$ を作成する．

- 手順 2. D^* から推定量 $\hat{\theta}^*$ を求める.
- 手順 3. 手順1. と 2. を L 回繰返して, $\hat{\theta}_1^*, \hat{\theta}_2^*, \ldots, \hat{\theta}_L^*$ を求める.
- 手順 4. $\hat{\theta}_l^*$ を用いて分散と偏差は

$$M(\hat{\theta}) = \bar{\theta}^* - \hat{\theta}$$

$$V(\hat{\theta}) = \frac{1}{L} \sum_{l=1}^{L} \left(\hat{\theta}_l^* - \bar{\theta}^* \right)^2$$

となる. ここで $\bar{\theta}^* = \frac{1}{L} \sum_{l=1}^{L} \hat{\theta}_l^*$ である.

バギングは, このブートストラップ法を応用した**アンサンブル学習** (ensemble learning) です. データをリサンプリングすることで複数の単純な学習器（弱学習器）を生成し, それらを構成することで最終的な学習器を作っています.

アルゴリズムを簡単に説明します. 新たにデータを

$$D = \{(\boldsymbol{x}_1, y_1), (\boldsymbol{x}_2, y_2), \ldots, (\boldsymbol{x}_n, y_n)\}$$

とし, 単純な学習器を $y = h(\boldsymbol{x}; \theta)$ とします.

- 手順 1. データ D から復元抽出を k 回行い, 新しいデータ D^* を作成します.
- 手順 2. 新しいデータ D^* から学習器 $h(\boldsymbol{x}; \theta)$ のパラメータの推定量 $\hat{\theta}$ を求めます.
- 手順 3. 手順1. と 2. を L 回繰返して, L 個の学習器（正確にはパラメータ $\hat{\theta}_l$, $l = 1, 2, \ldots, L$）を求めます.
- 手順 4. 得られた L 個の学習器から最終的な判別関数 $H(\boldsymbol{x})$ を以下のように作ります.

$$H(\boldsymbol{x}) = \arg \max_y \sum_{l=1}^{L} I \left\{ h(\boldsymbol{x}; \hat{\theta}_l) = y \right\}$$

3.4.2 R によるバギングの実行

ここでは分類木 (決定木) によるバギングを行います. パッケージ ipred の関数 bagging をもちいれば簡単に分類木を用いたバギングが実行できます. これまで同様にホールドアウト検証法で実行すると結果は次の通りにな

ります.

```
> set.seed(0)
> index = sample(81, 81*0.7)
> kyph.bag.s = bagging(Kyphosis~.,data=kyphosis[index,],
+ nbagg=40)
> kyph.bag.p = predict(kyph.bag.s,kyphosis[-index,],
+ type= "class")
> table(kyph.bag.p, kyphosis$Kyphosis[-index])

kyph.bag.p absent present
    absent      19       3
    present      1       2
```

正誤表を見る限り, 単体の分類木を生成した場合と誤り率の変化はありませんでした.

　バギングは, データのリサンプリングを繰り返すことで学習器を多数作成し分類を行っているので, 不安定な学習器を安定化させるという意味では効果があります. しかしながら, 各学習器の違いはリサンプリングに依存しており, 各学習器ごとの変化はそれほどありませんから, 分類性能を飛躍的に向上させることはありません.

3.4.3　ブースティングとアダブーストの基礎

　バギングではデータのリサンプリングによって多数の弱学習器を作り, それらを組み合わせて推定を行っていました[13]. 言い換えればリサンプリングのある種の揺れが学習器のバリエーションを作り出しています. しかしながら, リサンプリング程度の揺れでは各学習器に対して目立って大きな違いを生みませんから, 所詮は学習器の安定化にしかつながりません. ブースティング (boosting) は, 前のステップで作られた学習器の推定結果を考慮してリサンプリングや重みづけなどを行うことでシーケンシャルに弱学習器を作っていきます.

　このブースティングの手法の中で, 最もメジャーな手法がアダプティブ・ブースティング, 略してアダブースト (AdaBoost) です. アダブーストはもと

[13]
おのおのの学習器を作る作業自体は独立になるので, 並列計算が実行可能になります

もと 2 値の分類問題に対して開発されたアルゴリズムですが，現在は多値分類にも拡張されています．また，アダブーストを拡張したアルゴリズムも多数開発されていますが，紙面の都合上，本書では取り上げません．

アダブーストのアルゴリズムは次のとおりです．

はじめに，データを $\boldsymbol{D} = \{(\boldsymbol{x}_1, y_1), (\boldsymbol{x}_2, y_2), \ldots, (\boldsymbol{x}_n, y_n)\}$，弱学習器を $f \in \mathcal{F}$，学習の繰返し回数を K とします．ここで $\mathcal{F}$ には反転した f，すなわち $-f$ も含まれているとします．次に，$k = 1, 2, \ldots, K$ として，下にある手順 1. から 3. までを K 回繰返します．

● 手順 1. 弱学習器を次のように選択します．

$$f_k(\boldsymbol{x}) = \arg\min_{f \in \mathcal{F}} \varepsilon_k(f)$$

ここで，

$$\varepsilon_k(f) = \sum_{i=1}^{n} w_k(i) I \{f(\boldsymbol{x}_i) \neq y_i\}$$

は各記録に対する重み $w_i(i)$ が与えられた誤り率です．

● 手順 2. 弱学習器 f_k の係数

$$\alpha_k = \frac{1}{2} \log \frac{1 - \varepsilon_k(f_k)}{\varepsilon_k(f_k)}$$

を計算します．

● 手順 3. 重みを

$$w_{k+1}(i) = \frac{\exp\{-F_k(\boldsymbol{x}_i) y_i\}}{Z_{k+1}}$$

となるよう更新します．ただし，

$$F_k(\boldsymbol{x}) = F_{k-1}(\boldsymbol{x}) + \alpha_k f_k(\boldsymbol{x})$$

$$Z_{k+1} = \sum_{i=1}^{n} \exp\{-F_k(\boldsymbol{x}_i) y_i\}$$

です．

K 回の繰返し計算が終了したら，$F_K(\boldsymbol{x}) = \sum_{k=1}^{K} \alpha_k f_k(\boldsymbol{x})$ を出力してアルゴリズムを終了します．

なお，アダブーストの弱学習器の集合 $\mathcal{F}$ としては，スタンプの集合

$$\mathcal{F} = \{a\,\mathrm{sgn}(x_j - b) | a = \pm 1, j = 1, 2, \ldots, p,\ b \in R\}$$

がよく用いられます. ここで p は説明変数の数を表します.

3.4.4 R によるアダブーストの実行

アダブーストはパッケージ ada の関数 ada を使えば実行可能です. インストールしていない読者はパッケージを事前にインストールしてください.

それでは kyphosis データの記録をすべて使ってアダブーストを実行してみましょう.

```
> library(ada)
> ada(Kyphosis~., data=kyphosis)
Call:
ada(Kyphosis ~ ., data = kyphosis)


Loss: exponential Method: discrete   Iteration: 50


Final Confusion Matrix for Data:
          Final Prediction
True value absent present
    absent      61       3
    present      6      11


Train Error: 0.111


Out-Of-Bag Error:  0.123  iteration= 23


Additional Estimates of number of iterations:


train.err1 train.kap1
        26         26
```

誤判別は 9 個ですので，得られた学習器はサポートベクターマシンによる結果に匹敵する非常によい学習器と言えるでしょう．さらに学習の繰返し数を 50 回から 500 回まで増やしてみます．

```
> ada(Kyphosis~., data=kyphosis, iter=500)
Call:
ada(Kyphosis ~ ., data = kyphosis, iter = 500)

Loss: exponential Method: discrete   Iteration: 500

Final Confusion Matrix for Data:
           Final Prediction
True value absent present
   absent     64       0
   present     1      16

Train Error: 0.012

Out-Of-Bag Error:  0.049  iteration= 483

Additional Estimates of number of iterations:

train.err1 train.kap1
       441        44
```

インサンプルデータに対して，500 回の繰返しを行ったアダブーストの学習器は，ほぼ回答を間違えていません．kyphosis データ数は多くありませんので，得られた学習器は過学習だと思われますが，それでも繰返し数を増やすことで正答率が容易に上がることは，アダブーストが強力な学習器を作る有力な方法であることを示しています．

　最後に，他の手法と同様にホールドアウト検証法を実行しましょう．ここでは繰返し数は 500 回にします．

```
> set.seed(0)
> index = sample(81,81*0.7)
> kyph.ada.s = ada(Kyphosis~., data=kyphosis[index,],
+ iter=500)
> kyph.ada.s
Call:
ada(Kyphosis ~ ., data = kyphosis[index, ], iter = 500)


Loss: exponential Method: discrete   Iteration: 500


Final Confusion Matrix for Data:
          Final Prediction
True value absent present
    absent      43       1
    present      4       8


Train Error: 0.089


Out-Of-Bag Error:  0.089  iteration= 456


Additional Estimates of number of iterations:


train.err1 train.kap1
       249        249
```

今度はアウトサンプルに対して予測を行ってみましょう.

```
> kyph.ada.p = predict(kyph.ada.s,kyphosis[-index,])
> table(kyph.ada.p, kyphosis$Kyphosis[-index])

kyph.ada.p absent present
    absent     19       4
    present     1       1
```

ホールドアウト検証法による kyphosis データの学習器の生成ということに限れば，残念ながら他の機械学習の結果とそれほど大きな変化はないようです．もちろん，繰返し数を増減させれば結果は変化しますし，異なる検証法では違った評価になります．このようなエンジニア依存になる学習器のチューニングが機械学習のもっとも難しい部分といえるでしょう．

3.5 ランダムフォレスト

3.5.1 ランダムフォレストの基礎

前節で説明したように，学習データのブートストラップサンプルを用いて複数個の学習器を作成し，それらの多数決で判別を判定する方法をバギングといいました．このバギングの応用で，各学習器を決定木で構築しかつそれらを作成する際に説明変数をランダムに選ぶやり方を**ランダムフォレスト** (random forest) といいます．

ランダムフォレストのアルゴリズムの概略は以下のとおりです．

- データセットから複数のブートストラップ標本を作成．
- 各々のブートストラップサンプルデータから同数の説明変数をランダムに選び，決定木（回帰木，分類木）を作成する[14]．
- 全ての結果を統合し，新しい学習器を構築する．回帰木では結果の算術平均をとり，分類木では結果の多数決をとることで統合を実現する．

14)
説明変数が p 個の場合，多くのプログラムでは，回帰木で $p/3$ 個，分類木で $\sqrt{p}$ 個の説明変数を選ぶよう実装されている．

3.5.2 R によるランダムフォレストの実行

ランダムフォレストは R のパッケージ randomForest の関数 randomForest で実行できます．説明変数が p 個の場合は，デフォルトでは各決定木ごとに $\sqrt{p}$ 個（丸めて整数にする）の説明変数を選び出し，総計 500 個の決定木を作っています．なお，関数 randomForest の引数 ntree を変更すれば決定木の数は変更できます．それでは kyphosis データに対してランダムフォレストを実行し，これまで節と同様のセッティングでホールドアウト検証法を実施します．

```
> library(randomForest)
> set.seed(0)
> index=sample(81,81*0.7)
> kyph.rf.s=randomForest(Kyphosis~., data=kyphosis[index,])
> kyph.rf.p=predict(kyph.rf.s, kyphosis[-index,],
+ type="class")
> table(kyph.rf.p, kyphosis$Kyphosis[-index])

kyph.rf.p absent present
  absent      20       4
  present      0       1
```

今回のホールドアウト検証法のもとでの kyphosis データの分類ということに限れば，単体の分類木の学習器の予測結果，バギング法やアダブースト法による予測結果と比べても誤りの個数はわずかですが減少していますので，汎化性能という観点ではこれまで作った学習器の中で最も優秀ということになりました．ただし，各手法での計算の繰返し数や検証の方法を変えるなどすれば，結果は変わる可能性がありますのでその点には注意してください．

▌3.5.3 ランダムフォレストの並列化

多数の学習器を作れば，それだけ計算時間がかかります．通常 R は 1 つの CPU の 1 コアないし 1 論理プロセッサだけで動いていますから，複数の CPU やコア搭載されているマシンでは，計算資源が余ってしまいます．そのような資源の無駄を減らし，処理速度を速めるための技術が**並列計算** (parallel computing) です．

R における並列計算のパッケージは多数存在していますが，ここでは windows でも動作の確認が取れている snow パッケージを用います[15]．

R での並列計算方法は次のとおりです．

1.マスタープロセスからワーカープロセスを起動する．
2.マスタープロセスからワーカープロセスにデータや命令を送る．

15)
多くの並列計算パッケージは linux や Mac OS 上の R による計算を想定して実装されているため，windows 上では動作制限があったり動かなかったりします．

3.ワーカープロセスが同時に命令を実行する.
4.マスタープロセスがワーカープロセスから実行結果を集める.

それでは実際に並列計算を実行してみましょう. ここでは kyphosis のように小さなデータを使ってもあまり意味がありませんので, パッケージ kernlab にある spam データを使うことにします. 当該パッケージをインストールしていない場合は, 事前にインストールしてください.

以下のコマンドを入力して spam データを使えるようにします.

```
> library(kernlab)
> data(spam)
> dim(spam)
[1]  4601    58
```

関数 dim はデータの次元を調べる関数です. 実行の結果 4601 記録, 58 変量だということがわかります. この節はあくまで並列計算の使い方を示すことが目的なので, データの内容については詳細を述べませんが, メールに関する属性が合計 57 変量, スパムか否かを示す属性が 1 変量存在しています. 詳しい内容を知りたい場合は R Console 上で ?spam を実行してください. Web ブラウザが立ち上がって spam データに関するヘルプが表示されます.

まずは, 通常通り単一のコアでランダムフォレストを実行します. ここでは決定木の数を 1000 個に増やし, 関数 sysytem.time で処理時間を秒単位で測定しています.

```
> library(randomForest)
> set.seed(0)
> index = sample(4601,4601*0.7)
> system.time(spam.rf <- randomForest(type~.,
+ data=spam[index,],na.action="na.omit",ntree=1000))
   ユーザ   システム     経過
    9.93      0.08     10.02
```

16)
CPU は AMD RYZEN Pro7 3700U 2.3GHz (ターボ時 4GHz), 論理プロセッサ数 8, メモリは DDR-4 2400 16GB デュアルチャンネル.

17)
R の前身である S 言語における代入は, すべてこの記号で表していました.

パーソナルユースのコンピュータとしては比較的高速なマシン[16] で実行しているので, それなりの処理スピードは出ていますが, 経過時間は 10 秒くらい掛かっています. なお, 代入記号として = ではなく <- [17] が使われている

ことに注意してください.

次に並列計算用の snow パッケージを使って並列処理を行います. 8つの論理プロセッサでプロセスを同時に走らせ, それぞれに 125 の決定木をつくり, 最後にそれらを結合したいと思います. まずは 8 つのプロセスを走らせる準備をします. 関数 mpCluster でプロセスを生成します. type に SOCK を指定することで, プロセス間通信はソケット[18] を使います.

```
> library(randomForest);library(snow)
> mc=makeCluster(8,type="SOCK")
> clusterEvalQ(mc,{library(randomForest);
+ library(kernlab);data(spam)})
```

18)
HTTP や HTTPS などブラウザでおなじみの通信プロトコルもソケットを用いており, 通常の場合, それぞれ 80 番ポートと 443 番ポートを使います.

次に関数 clusterApplyLB を使い, 8 つのプロセスそれぞれに 125 回分のランダムフォレストの計算を割り当てて実行します. その際, 先ほど同様に system.time を使って計算時間の計測を行います.

```
> system.time(spam.idv <- clusterApplyLB(mc,rep(125,8),
+ function(ntree){randomForest(type~., data=spam,
+ ntree=ntree)}))
   ユーザ    システム       経過
     0.06        0.02        3.97
```

経過時間は 3.97 となり, 単一プロセスでの計算時間のおおよそ 4 割程度にまで減少したことがわかります[19]. 最後に計算の結果を統合して 1 つのオブジェクト spam.all にし, 関数 stopCluster を呼び出してソケット接続による並列計算を停止します.

19)
並列計算では, 単純に CPU やコアの数が 8 倍になっても計算時間は 8 分の 1 にはなりません.

```
> spam.all=do.call("combine",spam.idv)
> stopCluster(mc)
```

なお, インサンプルでの予測を求めるには

```
> predict(spam.all)
```

と入力すればよく, 他の手法における関数 predict と使い勝手は変わりま

せん.

問題 4

これまでに取り上げたロジスティック判別, 分類木, バギング, アダブースト, ランダムフォレストの各手法を用いて, spam データの spam と nonspam をもっとも精度よく判定する学習器を構築せよ. なお, 検証法はホールドアウト検証法および k-交差確認法を用いること.

4 教師なし機械学習の基礎

　教師あり機械学習では，条件を示す複数のカラムと 結果（ラベル）を表す1 つのカラムを持つリレーショナルデータをプログラムが学習し，学習器を作りました．そして，条件値を学習器に与えるだけで結果を予測するシステムの構築を作りました．この章で取り上げる教師なし学習では，ラベルに相当する列が含まれていないリレーショナルデータをプログラムに大量に与えます．そして，プログラムにデータから何らかの特徴量を発見させます．つまり，分析前の段階で学習の目標が決まっていないことが，これまでの手法と教師なし学習の大きな違いです．

　教師なし学習の主な手法とその利用目的は次のとおりです．

- クラスタリング (clustering)
  分析したいデータそのものの類似性から分類を行う．
- 異常値検出 (anomarly detection)
  データに対して正常値と異常値のラベルを与える．
- 次元削減 (dimension reduction)
  複雑な高次元データの特徴を捉え，より低次元な表現に縮約して分かりやすくする．

この章では上記のうち，クラスタリングと次元削減の 2 つを取り上げます．

4.1　クラスタリング

　クラスタリングとは何らかの基準にしたがってデータを分けていき，その分類の結果やそれぞれの分類に振り分けられたデータを観察するために使われれます．

　クラスタリングでは，分類したいデータを個体の集合としてとらえ，各個

体は属性という変量を持っていると定義します．例えば自動車データを分類する際に，このデータを様々な車種の集合だと考え，排気量や車体重量，新車価格などの属性が各車種ごとに与えられていれば，これの属性を元にした何らかの特徴を基準を構築して車種を分類することができます．ここで分類されてできた各個体の集合を**クラスター** (群, cluster) と呼びます．

　この節では，代表的なクラスタリング手法として 4.1.1 節では（凝集型）階層的手法である階層的クラスタリング，4.1.2 節では，非階層的な手法である K-means 法 (K-means clustering)，4.1.3 節では，同じく非階層的な手法である混合分布によるクラスタリングを取り上げます．

▎4.1.1　階層的クラスタリング

　階層的クラスタリングは，個体同士，個体とクラスター，クラスター同士の類似度を定義し，類似している順にペアを作りながら分類していく方法です．一般に，**類似度** (similarity) は 2 つの対象間の距離が近いほど値が大きくなるよう，**非類似度** (dissimilarity) は 2 つの対象の距離が遠いほど値が大きくなるよう定義されます．

　階層的クラスタリングについて詳しい説明を行う前にクラスタリングの実例を見ていきましょう．図 4.1 は，1，2 章でも取り上げたフィッシャーのアヤメ (iris) データ[1] のうち，がく片と花弁のそれぞれの長さと幅という 4 つのデータを用いて階層的クラスタリングを行った結果です．

　階層的クラスタリングの結果は通常，**樹形図**（デンドログラム，dendrogram）という図であらわします．この樹形図の縦のスケールは，個体間，個体とクラスター間，または各クラスター間の距離をあらわしているので，図の下部の方で結びついている組合せほど，それぞれの距離が近くなり，類似度が高いということを意味します．アヤメデータの分析結果を見てみると，setosa は同じ setosa 同士で比較的近い距離でまとまっているものの，versicolor と virginica はそれほど明確にクラスター分けされているわけではなく，一部の枝で混在しています．

　次項では，どのようにしてそれぞれの距離を計測しクラスタリングをしているのかという階層的クラスタリングの仕組みを説明していきます．

[1] もともとは Edgar Anderson(1936) の論文に出てくるので，アンダーソンのアヤメデータとも呼ばれます．

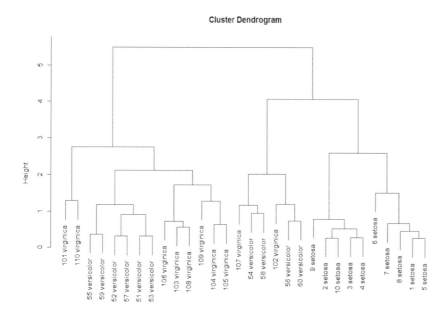

図 4.1 アヤメ (iris) データへの階層的クラスタリング

(a)　個体間の距離

　2 つの個体間の距離は，通常の点と点の間の距離の定義をそのまま当ては
めて計測します．考える個体がベクトルで表現されているならば，それぞれ
p 次元のデータ点ベクトル $\boldsymbol{x}_i = (x_{i1}, \ldots, x_{ip})^T$，$\boldsymbol{x}_j = (x_{j1}, \ldots, x_{jp})^T$ の距
離を $d(\boldsymbol{x}_i, \boldsymbol{x}_j)$ であらわすとします．量的データでは以下のような距離の計測
方法がありますが，ほとんどの場合，ユークリッド距離が使われます．

◆ユークリッド距離 (Euclidean distance)

　距離と言われて一番先に思い浮かべるのはこのユークリッド距離でしょ
う．2 次元だと，いわゆる三平方の定理やピタゴラスの定理と言われま
す．2 次元や 3 次元は想像しやすいですが，それより多い p 次元でも同
じ計測方法です．

$$d(\boldsymbol{x}_i, \boldsymbol{x}_j) = \sqrt{(x_{i1} - x_{j1})^2 + \cdots + (x_{ip} - x_{jp})^2}$$

◆マンハッタン距離 (Manhattan distance)

聞きなれない名前ですが，ベクトルの各成分の差の絶対値の和であらわされます．2次元の例としては東西南北に大通りで碁盤目状に区切られた街において，ある地点と別の地点で東西方向と南北方向で合計何ブロック離れているかと同じものです．

$$d(\boldsymbol{x}_i, \boldsymbol{x}_j) = |x_{i1} - x_{j1}| + \cdots + |x_{ip} - x_{jp}|$$

◆チェビシェフ距離 (Chebyshev distance)

こちらはベクトルの各成分の差の絶対値を取ったもので一番大きいものを距離とするものです．

$$d(\boldsymbol{x}_i, \boldsymbol{x}_j) = \max\{|x_{i1} - x_{j1}|, \cdots, |x_{ip} - x_{jp}|\}$$

◆ミンコフスキー距離 (Minkowski distance)

これまで挙げたユークリッド距離などを一般化したものです．データの距離によって n の値を調節し，距離の遠いデータの分析を行うことが出来ます．

$$d(\boldsymbol{x}_i, \boldsymbol{x}_j) = \{|x_{i1} - x_{j1}|^n + \cdots + |x_{ip} - x_{jp}|^n\}^{1/n}$$

◆キャンベラ距離 (Canberra distance)

マンハッタン距離に似ていますが，各成分の絶対値の和で割るため，原点に近いデータの差が拡大されます．よって値が小さく差も少ないデータの感度が良くなります．

$$d(\boldsymbol{x}_i, \boldsymbol{x}_j) = \frac{|x_{i1} - x_{j1}|}{|x_{i1}| + |x_{j1}|} + \cdots + \frac{|x_{ip} - x_{jp}|}{|x_{ip}| + |x_{jp}|}$$

クラスタリングの目的やデータの属性によってより適切な距離を用いて分析を行います．ただ実際には解釈のしやすさなどからユークリッド距離を用いることが多いです．本節でも以後，特に断りが無ければユークリッド距離を前提に説明します．

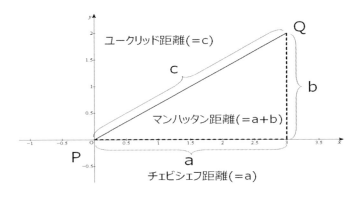

図 **4.2** 2 次元の PQ 間距離

(b) クラスター間の距離

個体同士の場合と違い，クラスター間の距離についてはそのまま通常の距離を当てはめることができませんので，多少の工夫を行います．具体的には，クラスターに属する点の間に何らかの規則を適用することで，クラスターを代表する基点を作成し，点と基点ないし基点同士の距離を測っています．ここではそのような規則を幾つか説明します．なお，個体とクラスター間の距離については，「個体は，1 つの個体からなるクラスターである」と考えることで，クラスター間の距離と同様に扱えます．

まず，それぞれが複数の個体からなる 2 つのクラスタ

$$A = \{\boldsymbol{x}_i | i \in \Lambda_A\}, B = \{\boldsymbol{x}_j | j \in \Lambda_B\}$$

を考え，このクラスタ間の距離を $D(A, B)$ とあらわします．また，2 つのクラスタの和を $A \cup B$ とあらわします．

◆ 最近隣法 (nearest neighbor method)

2 つのクラスターの中から 1 つずつ個体を選んで距離を測定し，最も近い距離を群間距離として採用する方法です．R では single というオプションで指定できます．

$$D(A, B) = \min_{\boldsymbol{x}_i \in A, \boldsymbol{x}_j \in B} d(\boldsymbol{x}_i, \boldsymbol{x}_j)$$

統合した後の距離は以下の式であらわされます．

$$D(A \cup B, C) = \min\{D(A, C), D(B, C)\}$$

◆ 最遠隣法（furthest neighbor method）

2つのクラスターの中から1つずつ個体を選んで距離を測定し，最も遠い距離を群間距離として採用する方法です．R では complete というオプションで指定できます（デフォルト値）．

$$D(A, B) = \max_{\boldsymbol{x}_i \in A, \boldsymbol{x}_j \in B} d(\boldsymbol{x}_i, \boldsymbol{x}_j)$$

統合した後の距離は以下の式であらわされます．

$$D(A \cup B, C) = \max\{D(A, C), D(B, C)\}$$

◆ 群平均法（group average method）

2つのクラスターの中から1つずつ個体を選んで距離を測定し，その平均距離を群間距離として採用する方法です．R では average というオプションで指定できます．

$$D(A, B) = \frac{1}{n_a n_b} \sum_{\boldsymbol{x}_i \in A, \boldsymbol{x}_j \in B} d(\boldsymbol{x}_i, \boldsymbol{x}_j)$$

ただし，n_a, n_b はそれぞれのクラスター内の要素の数です．また，統合した後の距離は以下の式であらわされます．

$$D(A \cup B, C) = \frac{n_a D(A, C) + n_b D(B, C)}{n_a + n_b}$$

◆ 重心法（centroid method）

クラスターそれぞれの重心を計算し，その重心間の距離を群間距離として採用する方法です．R では centroid というオプションで指定できます．あるクラスターが $L = \{\boldsymbol{x}_1, \boldsymbol{x}_2, \cdots \boldsymbol{x}_p\}$ だとするとその重心は

$$\bar{\boldsymbol{x}}_l = \frac{1}{n_l} \sum_{i=1}^{p} \boldsymbol{x}_i$$

とあらわされます．なお，n_l はクラスター L の個体数です．

したがって，クラスター A の重心を $\bar{\boldsymbol{x}}_a$，クラスター B の重心を $\bar{\boldsymbol{x}}_b$ とするとこの重心間の距離は

$$D(A, B) = d(\bar{\boldsymbol{x}}_a, \bar{\boldsymbol{x}}_b)$$

です．特に対象間の距離をユークリッド距離で定義する場合にはクラスター A と B が統合した後，別のクラスター C との重心間の距離は以下の関係が成り立ちます．

$$D(A \cup B, C)^2 = \frac{n_a D(A, C)^2 + n_b D(B, C)^2}{n_a + n_b} - \frac{n_a n_b D(A, B)^2}{(n_a + n_b)^2} \quad (4.1)$$

◆ ワルド法 (Ward method)

2 つのクラスター (A, B とする) を 1 つのクラスターにまとめたときの個体の分散 $\mathrm{Var}(A \cup B)$ と，それぞれのクラスターの個体の分散 $\mathrm{Var}(A)$, $\mathrm{Var}(B)$ を計算し，$\mathrm{Var}(A \cup B) - \mathrm{Var}(A) - \mathrm{Var}(B)$ を距離とする方法です．分類感度が高く，最もよく使われます．R では ward というオプションで指定できます．クラスター A と B を統合した際の重心を

$$\bar{\boldsymbol{x}}_{a \cup b} = \frac{n_a \bar{\boldsymbol{x}}_a + n_b \bar{\boldsymbol{x}}_b}{n_a + n_b}$$

と書けば，クラスター間の距離は

$$
\begin{aligned}
D(A, B) &= \sum_{x_k \in A \cup B} d(\boldsymbol{x}_k, \bar{\boldsymbol{x}}_{a \cup b})^2 - \sum_{x_i \in C} d(\boldsymbol{x}_i, \bar{\boldsymbol{x}}_a)^2 - \sum_{x_j \in C} d(\boldsymbol{x}_j, \bar{\boldsymbol{x}}_b)^2 \\
&= \frac{d(\bar{\boldsymbol{x}}_a, \bar{\boldsymbol{x}}_b)^2}{\frac{1}{n_a} + \frac{1}{n_b}} \\
&= \frac{n_a n_b}{n_a + n_b} d(\bar{\boldsymbol{x}}_a, \bar{\boldsymbol{x}}_b)^2
\end{aligned}
\quad (4.2)
$$

です．またクラスター A と B が統合した後，別のクラスター C との距離は以下の関係が成り立ちます．

$$
\begin{aligned}
D(A \cup B, C) &= \frac{n_a + n_c}{n_a + n_b + n_c} D(A, C) + \frac{n_b + n_c}{n_a + n_b + n_c} D(B, C) \\
&- \frac{n_c}{n_a + n_b + n_c} D(A, B)
\end{aligned}
\quad (4.3)
$$

これらクラスター間の距離を測る方法を図で示しているのが図 4.3〜図 4.8 です．それぞれの方法でクラスター間の距離を計測し，もっとも近いクラス

ター同士を併合していきます.

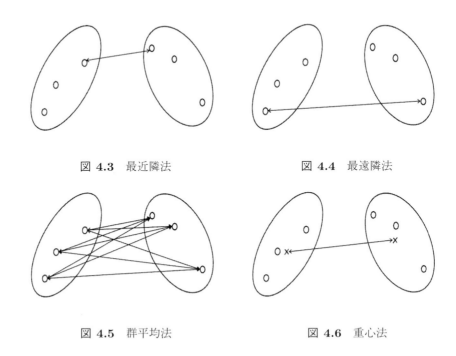

図 4.3　最近隣法　　　　　　　　　　図 4.4　最遠隣法

図 4.5　群平均法　　　　　　　　　　図 4.6　重心法

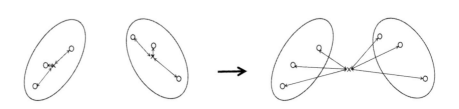

図 4.7　ワルド法（それぞれの分散）　　図 4.8　ワルド法（1 つにしたときの分散）

(c) 階層的クラスタリング

前項まででデータの個体間の距離，クラスター間の距離（個体とクラスター間の距離含む）の考え方が整理できました．ここからは実際の例を元に階層的クラスタリングの手順を見ていきましょう．距離はユークリッド距離を使い，クラスター間の距離は最遠隣法を用います．簡単のため次の表のように2次元でサンプルサイズが5のデータを用います．

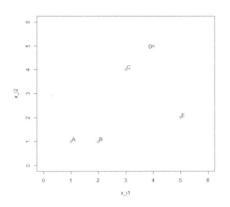

ラベル	x_{i1}	x_{i2}
A	1	1
B	2	1
C	3	4
D	4	5
E	5	9

Step1 すべての個体間のユークリッド距離を計算します．すると次のとおりです．

	A	B	C	D
B	1	-		
C	3.61	3.16	-	
D	5	4.47	1.41	-
E	4.12	3.16	2.82	3.16

Step2 距離計算の結果から最小の距離である A と B を併合します．その後，最遠隣法を使ってこの $A \cup B$ と他の個体間の距離を更新します．

Step3 最小の距離は C と D なので，C と D を併合します．この $C \cup D$ と他の個体間の距離を更新します．

	$A \cup B$	C	D
C	3.61	-	
D	5	1.41	-
E	4.12	2.82	3.16

	$A \cup B$	$C \cup D$
$C \cup D$	5	-
E	4.12	3.16

Step4 この繰返しで併合するものを増やしていきます.

Step5 それぞれ計算した最終的なクラスター間の距離をあらわすと以下のようになり,これを**コーフェン行列** (Cophenetic Matrix) といいます.

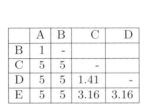

	A	B	C	D
B	1	-		
C	5	5	-	
D	5	5	1.41	-
E	5	5	3.16	3.16

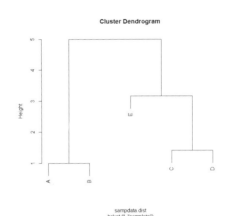

ここで R に組み込まれている `mtcars` という自動車車種のデータを用いて実際に分析を行ってみましょう.このデータは各自動車メーカーの車種ごとに燃費や排気量,馬力などをあらわしています.

```
> cars.d <- mtcars[16:32,c(1,3,4,6)]#燃費, 排気量, 馬力, 重量
> cars.d
                   mpg  disp  hp    wt
Lincoln Continental 10.4 460.0 215 5.424
Chrysler Imperial   14.7 440.0 230 5.345
```

```
Fiat 128              32.4  78.7  66 2.200
Honda Civic           30.4  75.7  52 1.615
Toyota Corolla        33.9  71.1  65 1.835
Toyota Corona         21.5 120.1  97 2.465
Dodge Challenger      15.5 318.0 150 3.520
AMC Javelin           15.2 304.0 150 3.435
Camaro Z28            13.3 350.0 245 3.840
Pontiac Firebird      19.2 400.0 175 3.845
Fiat X1-9             27.3  79.0  66 1.935
Porsche 914-2         26.0 120.3  91 2.140
Lotus Europa          30.4  95.1 113 1.513
Ford Pantera L        15.8 351.0 264 3.170
Ferrari Dino          19.7 145.0 175 2.770
Maserati Bora         15.0 301.0 335 3.570
Volvo 142E            21.4 121.0 109 2.780
```

　階層的クラスタリングは R の関数 dist で個体間の距離を求めたのち関数
hclust を用いて得ることができます.

　なお, 階層的クラスタリングは個体の持つ各変量間のスケールの違いによっ
て結果が異なってしまうため, あらかじめ変量がそれぞれ平均 0, 分散 1 と
なるように正規化したデータを用います.

```
> cars.data <- scale(cars.d)
> cars.dist <- dist(cars.data)
> cars.clust <- hclust(cars.dist)
#R は最遠隣法 (method = "complete") がデフォルト
> x11();plot(cars.clust)

> cutree(cars.clust,k=3)
Lincoln Continental Chrysler Imperial Fiat 128
          1                   1                2
Honda Civic        Toyota Corolla     Toyota Corona
          2                   2                3
```

```
Dodge Challenger        AMC Javelin            Camaro Z28
         1                    1                      1
Pontiac Firebird        Fiat X1-9          Porsche 914-2
         1                    2                      2
Lotus Europa         Ford Pantera L          Ferrari Dino
         2                    1                      3
Maserati Bora           Volvo 142E
         1                    3
> table(cutree(cars.clust,k=3))

1 2 3
8 6 3
```

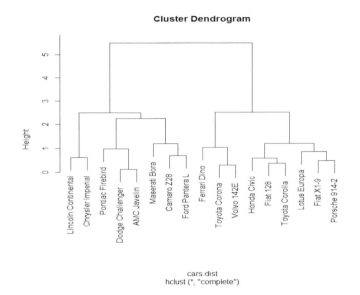

Cluster Dendrogram

cars.dist
hclust (*, "complete")

図 4.9　最遠隣法

　おおよそですが，右側の枝は排気量や馬力，重量が軽く燃費が良い車種，左側の枝はその反対の車種に分類されています．なお，R コードの cutree で k=3 を指定するとクラスタリング結果を 3 つの枝に切ることができます．

　それではクラスター間の距離を最近隣法やワルド法など，他の方法で測った結果も見てみましょう．

```
> cars1.clust <- hclust(cars.dist, method = "single")
> x11();plot(cars1.clust) #最近隣法


> cars2.clust <- hclust(cars.dist, method = "average")
> x11();plot(cars2.clust) #群平均法


> cars3.clust <- hclust(cars.dist, method = "centroid")
> x11();plot(cars3.clust) #重心法


> cars4.clust <- hclust(cars.dist, method = "ward.D")
> x11();plot(cars4.clust) #ワルド法
```

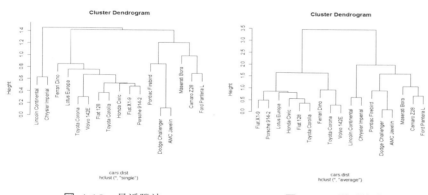

図 4.10　最近隣法　　　　　図 4.11　群平均法

(d)　階層的クラスタリングの特徴

　一般に各クラスター間の距離の測り方を変えることによって，以下のような違いが出るとされています．ただし，手法の選択に完全な正解があるわけでは無く，分析対象となるデータをよく見ながら，ある程度トライアンドエラーを行う中で最適と考えられる方法を選ぶこともあります．

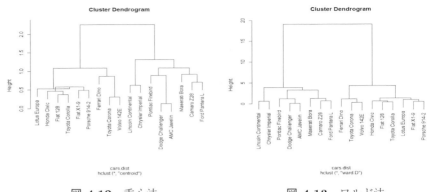

図 4.12 　重心法　　　　　　　　図 4.13 　ワルド法

◆ **計算負荷と鎖状効果**

最近隣法や最遠隣法は最初にすべての 2 点間の距離を計算した後はあまり計算負荷がかかりません．一方，群平均法やワルド法はクラスタを作るたびに距離を計算し直す必要があるため，データサイズに応じて計算負荷が増大します．ただし，最近隣法はクラスター化が進む中で，個別のデータが順番に統合されていく鎖状効果といわれる良くない判別が起こりやすくなります．図 4.10 でも鎖状効果が見受けられます．

◆ **使用可能な距離**

最近隣法，最遠遠法，群平均法などは使用する距離に制約がないですが，重心法やワルド法はユークリッド距離を用います．

◆ **距離の逆転**

通常はクラスターを統合していく順番にしたがって距離は遠くなっていくのですが，重心法の場合はあるクラスターの重心がそのクラスターの中の個体より，そのクラスターの外の個体や別のクラスターに近づいてしまう可能性があります．この結果，クラスターを統合していく順番と距離の遠さが一致しない，いわゆる距離の逆転現象が起こる可能性があります．図 4.12 でも Lotus Europe が逆転現象を起こしています．

4.1.2 　K-means 法

次に代表的な非階層的なクラスタリング手法である K-means 法[2]) を取り上げます．K-means 法は階層的クラスタリングと違って，各データ間の距離

をそれぞれ求めるのではなく，あらかじめ設定した個数の代表点と各データ
の距離を計測し，より近い代表点を中心としたクラスター分けを行い，また
代表点を更新するという手続きを繰返します．したがって一般に K-means 法
の計算量は 1 次のオーダー程度であり，少なくとも 2 次以上の計算量が必要
となる階層的クラスタリングよりクラスタリングの処理スピードが早くなり
ます．一方，K-means 法ではあらかじめ分割するクラスター数が分かってい
ることが必要です．

　K-means 法とはどういうものかをイメージするため，まずはクラスタリン
グした結果から見てみましょう．再び R に組み込まれているアヤメ (iris)
データを用い，簡単のため今度は Sepal(がく片) の長さと幅のデータのみ用
いることにします．図 4.14 は Sepal の長さと幅の散布図です．

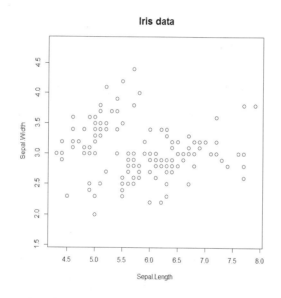

図 **4.14**　Sepal の長さと幅データ

　これを K-means 法を用いて 2 つのクラスターに分割した結果が図 4.15 で
す[3].

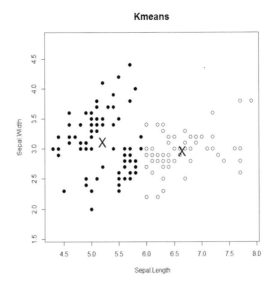

図 **4.15** Sepal の長さと幅データによるクラスタリング

　このように白丸と黒丸のデータにクラスタリングすることが出来ました．この例ではクラスター数を 2 に設定して分析したため，中央がクラスタリングの境界となりましたが，あらかじめ設定するクラスター数によってクラスタリングの結果は変わります．

　それでは K-means 法を用いたクラスタリングの手順を説明します．

(a)　K-means 法の手順

　まず K-means 法の手順から説明します．分析対象を D 次元で N 個の観測データ $\{x_1, \ldots, x_N\}$ を k 個のクラスターに振り分けます．なお，$d(x_i, x_j)$ は 2 点 x_i, x_j 間の距離を表します．参考のために掲載した図は `iris` のサンプルサイズ 150 で Sepal（がく片）の長さと幅の 2 次元のデータです．またクラスター数を 2（ラベルによる分類では 3 ですが，簡単のため）とし，データ間の距離にはユークリッド距離を用いています．

Step1 初期値として観測データ $\{x_1, \ldots, x_N\}$ の中から適当に k 個の代表点 $p_1, \cdots, p_k$ を選びます．

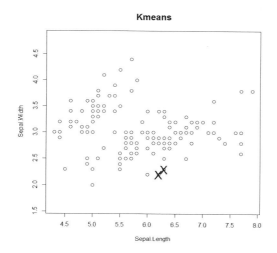

図 **4.16** アヤメ（iris）データの代表点に×をプロット

Step2 x_i に対して最も距離の近い点が p_l ならば，x_i をクラスター $l, l =$ $1, \ldots, k$ に割り当てます．この作業を $x_i (i = 1, \ldots, N)$ に対して実行し，すべての点を 1 から k のクラスターに割り当てていきます．

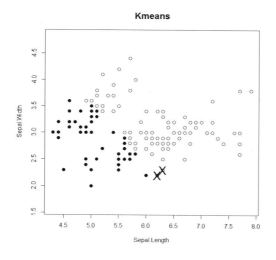

図 **4.17** 各代表点との近さによって白黒に分類

Step3 各クラスターごとに重心をもとめ，新たな代表点 $p_1, \cdots, p_k$ に割り

当てます.

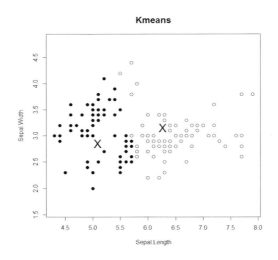

図 **4.18** 新たな代表点に×をプロット

Step4 Step1 から Step3 を繰返し, 代表点が収束したら (ほぼ動かなくなったら) 終了します.

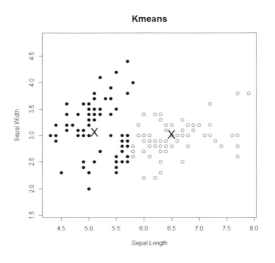

図 **4.19** 3回繰返したもの

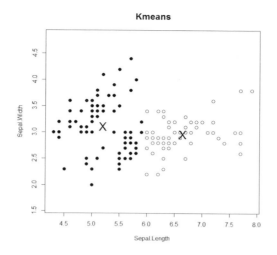

図 **4.20**　7回繰返したもの

これらの手順をまとめると，ある点 $\boldsymbol{x}_i, i = 1, \dots, N$ が割り振られるクラスターを変数 $C_l, l = 1, \dots, k$ として，代表点 $\boldsymbol{p}_l$ と $\boldsymbol{x}_i$ の距離の評価関数 L を以下のように表します．

$$L(\boldsymbol{p}_1, \dots, \boldsymbol{p}_k) = \sum_{i=1}^{n} \min_{l} d(\boldsymbol{x}_i, \boldsymbol{p}_l)^2$$

$$= \min \sum_{l=1}^{k} \left\{ \sum_{i=1}^{N} \delta(C_i, l) \|\boldsymbol{x}_i - \boldsymbol{p}_l\|^2 \right\}. \tag{4.4}$$

ここで δ は C_i が l に等しいときに 1，それ以外は 0 となる 2 値関数です．$\|\cdot\|^2$ はユークリッド距離の 2 乗を表すため，$\{\cdot\}$ の中はクラスター l においてそのクラスターの各データ点とクラスターの重心との距離の合算です．K-means 法のアルゴリズムは L を最小にする $\boldsymbol{p}_1, \dots, \boldsymbol{p}_k$ を代表点を更新しながら探すアルゴリズムです．

実際に R で実行するためには，以下のコマンドを入力します．関数 kmeans を実行することで K-means 法をデータに適用しています．

```
> data <- iris[, 1:2]
```

```
> iris.d <- kmeans(data,2)
> iris.d

K-means clustering with 2 clusters of sizes 83, 67

Cluster means:
  Sepal.Length Sepal.Width
1     5.224096    3.131325
2     6.610448    2.965672

Clustering vector:
  [1] 1 1 1 1 1 1 1 1 1 1 1 1 1 1 1 1 1 1 1 1 1 1 1 1 1 1 1 1
      1 1 1 1 1 1 1 1 1 1 1 1 1 1 1 1 1 1 1 1 1 1 1 2 2 2 1 2 1
 [57] 2 1 2 1 1 1 2 2 1 2 1 1 2 1 1 2 2 2 2 2 2 2 1 1 1
      2 1 2 2 2 1 1 1 2 1 1 1 1 2 1 1 2 1 2 1 2 2 2 2 1 2 2 2 2 2
[113] 2 1 1 2 2 2 2 2 2 1 2 2 2 2 2 2 2 2 2 2 2 2 2 2 2
      2 2 2 1 2 2 2 2 2 2 1

Within cluster sum of squares by cluster:
[1] 35.09036 23.11373
 (between_SS / total_SS =  55.4 %)

Available components:

[1] "cluster"      "centers"      "totss"        "withinss"
[5] "tot.withinss" "betweenss"    "size"         "iter"
[9] "ifault"
> x11();plot(data,pch=iris.d$cluster,main = "Kmeans")
```

　K-means 法は初期値のとり方の違いで結果が変わる場合があるため，初期値を取り替えて複数回の試行を行い，L を最小にする代表値を求めます。
　また，K-means 法は線形変換に対して不変ではありません．そのためデータの単位が異なる場合は，同じデータでもクラスタリングした結果が異なる場合がありますので注意してください．

(b) ギャップ統計量

この 4.1.2 項で説明してきた K-means 法ではクラスター数を事前に設定する必要があります。しかし、実際にデータを手に入れた時に適切なクラスター数が分かっていることは少ないでしょう。この項では未知のクラスタ数を推定するための統計量である、ギャップ統計量について紹介します。

まず、クラスタ数 k に対する評価関数を L_k とおきます。これは前項 (4.4) 式で示したものです。真のクラスタ数が K であるとき、$k < K$ であればクラスタ数を $k+1$ に増やし、真のクラスタ数に近づければ L が十分に減少、つまり良化して $L_k \geqslant L_{k+1}$ になることが予想されます。逆に $k > K$ であればクラスタ数を $k+1$ に増やして分割を進めてもあまり意味がなくなるはずなので、$L_k - L_{k+1}$ はあまり大きくならないはずです。これらの原理を考慮すれば、$L_k - L_{k+1}$ の変化が穏やかになったときの k を K の推定値とするのが自然です。ギャップ推定量はこの原理を応用したクラスタ数の推定方法です。

クラスタ数が 1 であり、範囲や数も D に等しいことがことがわかっている参照データ D' を用意します。クラスタ数が 1 なので、クラスタ数を増やした評価関数の値 $L_1', L_2', \ldots$ をもとめても、それほど減少していかないはずです。これらの参照データ値を使い、本来のクラスタリングの評価関数の値 $L_1', L_2', \ldots$ を基準化した値

$$G_k = \ln \frac{L_k'}{L_k} = \ln L_k' - \ln L_k \tag{4.5}$$

がギャップ推定量 (Gap statistics) です。定義からわかるように G_k が大きな値を取ったときの k が K の推定値です。R でギャップ推定量をもとめるには cluster パッケージを使います。

```
> library(cluster)
> clusGap(data, Kmeans, B=150, K.max=5)
Clustering k = 1,2,..., K.max (= 5): .. done
Bootstrapping, b = 1,2,..., B (= 150)  [one "." per sample]:
.............................................. 50
.............................................. 100
.............................................. 150
Clustering Gap statistic ["clusGap"].
B=150 simulated reference sets, k = 1..5
```

```
--> Number of clusters (method 'firstSEmax'
, SE.factor=1): 3
          logW     E.logW      gap      SE.sim
[1,] 3.760434 4.065606 0.3051721 0.02892455
[2,] 3.353856 3.710041 0.3561858 0.03319406
[3,] 3.103750 3.524416 0.4206652 0.03022493
[4,] 2.974516 3.346650 0.3721333 0.03306917
[5,] 2.833916 3.210824 0.3769078 0.03160011
```

Rで確かめた結果，ギャップ推定量から推定されるクラスタ数は3という結果が出ました．図4.20などでは簡単のために，iris データのクラスタ数を2としていましたが，ギャップ推定量からは setosa, versicolor と virginica の3クラスタに分けるのが最もよさそうです．なお，ギャップ推定にはブートストラップ法を用いているため，上記の例でも結果のクラスタ数は違った結果が出る場合もあります．

4.1.3 混合分布によるクラスタリング

4.1.2 節で K-means 法を取り扱いました．直観的にわかりやすいロジックで実装も平易であるため，クラスタリングには K-means 法がよく使われます．ただし，K-means 法は各代表点から等距離付近にあるデータ点を単純に代表点との距離だけで明確に振り分けてしまうため，データ全体の分布傾向が反映されません．

視覚的に問題点を確認してみましょう．アヤメの Sepal（がく片）の長さと幅のデータに対して K-means 法を適用した結果が図4.21 です．一方，図4.22は実際のラベルにもとづいて，setosa で1つのクラスター，versicolor および virginica のデータを合わせて1つのクラスターとして[4]，それらのラベルで2つに分類した結果です．

本来，教師なし分類の問題ではラベルは未知なので，図4.22のような分類の存在に気づくことはありません．ここでは，データ分析者はラベルの存在を知らないが，潜在的にこのようなクラスタリングの基準を欲していると仮定し，教師なし学習でこの正解が得られるか確かめることにします．なお，先

[4] 1章の平行座標プロットでも視覚的に確認したように，2つの品種のがく片はよく似ていますので，データを1つにまとめました．

の K-means 法による教師なし分類の結果は，このようなラベルに近しい分類が得られていませんのでニーズを満たしていません．

　図 4.22 をよく眺めると，2 つのクラスタの間には右肩上がり直線的なギャップが見えますので，これを教師なしデータからとらえられる方法があるならば，それはアヤメのデータに対する理想的な教師なし分類法です．この節では，混合分布によるクラスタリングがその意味での理想的な教師なし分類になるかを調べたいと思います．混合分布モデルに基づくクラスタリングは，標

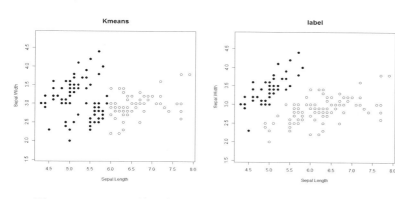

図 **4.21**　K-means 法の結果　　　図 **4.22**　ラベルに基づく分類

本の背後に複数の確率分布を混合させた分布を仮定して，各標本データがどの確率分布から抽出されたのか評価します．ある標本が混合分布を構成する各分布から生成された確率を推定しているので，標本が属するクラスターが一意に定まる K-means 法よりも柔軟な解釈をすることが可能です[5]．

(a)　混合正規分布

　ここではクラスタリングに用いられる代表的な混合分布の例として正規分布を組み合わせた**混合正規分布** (Gaussian Mixture Model) を説明します．

　まず D 次元の確率変数 $\boldsymbol{X}$ が多変量正規分布に従うとき，次の密度関数であらわされます．

$$\mathcal{N}(\boldsymbol{x}|\boldsymbol{\mu}, \boldsymbol{\Sigma}) = \frac{1}{(2\pi)^{\frac{D}{2}}\sqrt{|\boldsymbol{\Sigma}|}} \exp\left\{-\frac{1}{2}(\boldsymbol{x}-\boldsymbol{\mu})^T\boldsymbol{\Sigma}^{-1}(\boldsymbol{x}-\boldsymbol{\mu})\right\}. \quad (4.6)$$

ただし，$\boldsymbol{\mu}$ は D 次元の平均ベクトル，$\boldsymbol{\Sigma}$ は $D \times D$ の共分散行列，$|\boldsymbol{\Sigma}|$ は共

分散行列 $\boldsymbol{\Sigma}$ の行列式です.

　このような正規分布を K 個組み合わせた混合正規分布はそれぞれ $k = \{1,\ldots,K\}$ 番目の正規分布が平均ベクトル $\boldsymbol{\mu}_k$ と行分散行列 $\boldsymbol{\Sigma}_k$ をもち，次のように分布の線形結合で表せます.

$$p(\boldsymbol{x}) = \sum_{k=1}^{K} \pi_k \mathcal{N}(\boldsymbol{x}|\boldsymbol{\mu}_k, \boldsymbol{\Sigma}_k) . \tag{4.7}$$

　ここで π_k は**混合係数** (mixing coefficient) と呼ばれ，ある標本 $\boldsymbol{x}$ が k 番目の正規分布から取り出される確率を表します.

(b) 　混合正規分布によるクラスタリング

　N 個の観測点 $\boldsymbol{x}_1,\ldots,\boldsymbol{x}_N$ が K 個の正規分布からなる前項の混合正規分布から得られたと考えれば，各観測点 $\boldsymbol{x}_n$ をそれぞれの正規分布に帰着させることでクラスタリングができます.　したがって N 個の観測点を用いて混合正規分布を最尤推定し，構成する各正規分布のパラメータと混合係数を求めていく方針を立てます.

　まず K 次元の 2 値確率変数 $\boldsymbol{z}$ を導入します.　これは**潜在変数** (latent variable) と呼ばれ，それぞれの要素 $z_k \in \{0,1\}, k=1,\ldots,K$ はいずれか 1 つの z_k だけが 1 で残りの要素は 0 となるため，ベクトル $\boldsymbol{z}$ は K 種類の状態を表すことができます:

$$\boldsymbol{z} = \{(1,0,0,\ldots,0,0)^T, (0,1,0,\ldots,0,0)^T, \ldots, (0,0,0,\ldots,0,1)^T\}.$$

$\boldsymbol{z}$ は混合正規分布に含まれる K 個の正規分布のラベルを表すことができます.つまり，$z_k = 1$ であれば $k\ (k=1,2,\ldots,K)$ 番目の正規分布を指しますので，z_k を用いて k 番目の混合係数 π_k を表すことができます:

$$p(z_k = 1) = \pi_k, \quad \text{ただし}, 0 \le \pi_k \le 1, \quad \sum_{k=1}^{K} \pi_k = 1.$$

これは $\boldsymbol{z}$ としてまとめて次の形で表現できます.

$$p(\boldsymbol{z}) = \prod_{k=1}^{K} \pi_k^{z_k}.$$

また $\boldsymbol{z}$ の値が与えられている下で $\boldsymbol{x}$ の条件付き確率は次のとおりです.

$$p(\boldsymbol{x}|z_k=1) = \mathcal{N}(\boldsymbol{x}|\boldsymbol{\mu}_k, \boldsymbol{\Sigma}_k).$$

こちらも次の形にまとめて表現できます.

$$p(\boldsymbol{x}|\boldsymbol{z}) = \prod_{k=1}^{K} \mathcal{N}(\boldsymbol{x}|\boldsymbol{\mu}_k, \boldsymbol{\Sigma}_k)^{z_k}.$$

$\boldsymbol{x}$ と $\boldsymbol{z}$ の同時分布は $p(\boldsymbol{z})p(\boldsymbol{x}|\boldsymbol{z})$ で与えられるため,$\boldsymbol{z}$ の取り得る状態すべての総和を取って $\boldsymbol{x}$ の周辺分布を得られます:

$$\begin{aligned}
p(\boldsymbol{x}) &= \sum_{\boldsymbol{z}} p(\boldsymbol{x}, \boldsymbol{z}) = \sum_{\boldsymbol{z}} p(\boldsymbol{z})p(\boldsymbol{x}|\boldsymbol{z}) \\
&= \sum_{\boldsymbol{z}} \left(\prod_{k=1}^{K} (\pi_k \mathcal{N}(\boldsymbol{x}|\boldsymbol{\mu}_k, \boldsymbol{\Sigma}_k))^{z_k} \right) \\
&= \sum_{k=1}^{K} \pi_k \mathcal{N}(\boldsymbol{x}|\boldsymbol{\mu}_k, \boldsymbol{\Sigma}_k).
\end{aligned} \tag{4.8}$$

導出された式は (4.7) 式と全く同じ形ですが,途中の同時分布 $p(\boldsymbol{x}, \boldsymbol{z})$ から観測点 $\boldsymbol{x}_1, \ldots, \boldsymbol{x}_N$ が与えられたとき,それぞれの観測点 $\boldsymbol{x}_n$ に対応する潜在変数 $\boldsymbol{z}_n$ があることが分かります.

次に $\boldsymbol{z}$ の条件付き確率を導入します.$\boldsymbol{x}$ が与えられた下での $z_k = 1$ の条件付き確率 $\gamma(z_k)$ は $p(z_k = 1)$ を事前分布,$p(\boldsymbol{x}|z_k = 1)$ を尤度関数とし,ベイズの定理を用いて事後分布として得られます:

$$\begin{aligned}
\gamma(z_k) = p(z_k = 1|\boldsymbol{x}) &= \frac{p(z_k = 1)p(\boldsymbol{x}|z_k = 1)}{\sum_{j=1}^{K} p(z_j = 1)p(\boldsymbol{x}|z_j = 1)} \\
&= \frac{\pi_k \mathcal{N}(\boldsymbol{x}|\boldsymbol{\mu}_k, \boldsymbol{\Sigma}_k)}{\sum_{j=1}^{K} \pi_j \mathcal{N}(\boldsymbol{x}|\boldsymbol{\mu}_j, \boldsymbol{\Sigma}_j)}.
\end{aligned} \tag{4.9}$$

$\gamma(z_k)$ は k 番目の分布がある観測点 $\boldsymbol{x}_n$ の存在を説明する割合と考えることができ,**負担率** (responsibility) と呼ばれています.

ここから混合正規分布の各パラメータを最尤推定で求めていきます.(4.8) 式から $N \times D$ 行列の観測点 $\mathbf{X} = (\boldsymbol{x}_1^T, \ldots, \boldsymbol{x}_N^T)^T$ が得られた際の尤度関数を表すことができます.なお,のちほど出てきますがこれらの観測点に対応する潜在変数も $N \times K$ 行列 $\mathbf{Z}$ として表します.

$$L(\boldsymbol{\pi}, \boldsymbol{\mu}, \boldsymbol{\Sigma}|\mathbf{X}) = p(\mathbf{X}|\boldsymbol{\pi}, \boldsymbol{\mu}, \boldsymbol{\Sigma}) = \prod_{n=1}^{N} \{ \sum_{k=1}^{K} \pi_k \mathcal{N}(\boldsymbol{x}_n|\boldsymbol{\mu}_k, \boldsymbol{\Sigma}_k) \}.$$

ただし,$\boldsymbol{\pi} = (\pi_1, \ldots, \pi_K)$.したがって対数尤度関数は以下のように表せます.

$$l(\boldsymbol{\pi}, \boldsymbol{\mu}, \boldsymbol{\Sigma}|\mathbf{X}) = \ln p(\mathbf{X}|\boldsymbol{\pi}, \boldsymbol{\mu}, \boldsymbol{\Sigma}) = \sum_{n=1}^{N} \ln\{\sum_{k=1}^{K} \pi_k \mathcal{N}(\boldsymbol{x}_n|\boldsymbol{\mu}_k, \boldsymbol{\Sigma}_k)\}. \quad (4.10)$$

この対数尤度関数を最大化するパラメータ $\boldsymbol{\theta} = \{\boldsymbol{\mu}, \boldsymbol{\Sigma}, \boldsymbol{\pi}\}$ をそれぞれ導出します.

1. 平均ベクトルパラメータ

   まず対数尤度関数を最大化する平均ベクトル $\boldsymbol{\mu}$ を導出します. (4.6) 式から対数関数と行列の微分を用いて計算できます[6].

$$\frac{\partial}{\partial \boldsymbol{\mu}_k} l(\boldsymbol{\pi}, \boldsymbol{\mu}, \boldsymbol{\Sigma}|\mathbf{X}) = \frac{\partial}{\partial \boldsymbol{\mu}_k} \ln p(\mathbf{X}|\boldsymbol{\pi}, \boldsymbol{\mu}, \boldsymbol{\Sigma})$$

$$= \frac{\partial}{\partial \boldsymbol{\mu}_k} \sum_{n=1}^{N} \ln\{\sum_{k=1}^{K} \pi_k \mathcal{N}(\boldsymbol{x}_n|\boldsymbol{\mu}_k, \boldsymbol{\Sigma}_k)\}$$

$$= \sum_{n=1}^{N} \frac{\pi_k \frac{\partial}{\partial \boldsymbol{\mu}_k} N(\boldsymbol{x}_n|\boldsymbol{\mu}_k, \boldsymbol{\Sigma}_k)}{\sum_{j=1}^{K} \pi_j \mathcal{N}(\boldsymbol{x}_n|\boldsymbol{\mu}_j, \boldsymbol{\Sigma}_j)}$$

$$= \sum_{n=1}^{N} \frac{\pi_k \mathcal{N}(\boldsymbol{x}_n|\boldsymbol{\mu}_k, \boldsymbol{\Sigma}_k)}{\sum_{j=1}^{K} \pi_j \mathcal{N}(\boldsymbol{x}_n|\boldsymbol{\mu}_j, \boldsymbol{\Sigma}_j)} \boldsymbol{\Sigma}_k^{-1}(\boldsymbol{x}_n - \boldsymbol{\mu}_k)$$

$$= \sum_{n=1}^{N} \gamma(z_{nk}) \boldsymbol{\Sigma}_k^{-1}(\boldsymbol{x}_n - \boldsymbol{\mu}_k).$$

   この偏微分の式を 0 とし $\boldsymbol{\Sigma}_k$ を掛けることで以下を得ます:

$$\boldsymbol{\mu}_k = \frac{1}{N_k} \sum_{n=1}^{N} \gamma(z_{nk}) \boldsymbol{x}_n.$$

   ただし, $N_k = \sum_{n=1}^{N} \gamma(z_{nk})$ と表し, k 番目の正規分布に帰着する観測点の平均的な数と考えることができます.

2. 共分散行列パラメータ

   次に共分散行列 $\boldsymbol{\Sigma}$ についても先ほど求めた $\boldsymbol{\mu}_k$ を用いて導出できます. ただし, 式の途中で行列式の対数の微分, 2 次形式を変形した後の微分を用いています[7]:

$$\frac{\partial}{\partial \boldsymbol{\Sigma}_k} l(\boldsymbol{\pi}, \boldsymbol{\mu}, \boldsymbol{\Sigma}|\mathbf{X}) = \frac{\partial}{\partial \boldsymbol{\Sigma}_k} \ln p(\mathbf{X}|\boldsymbol{\pi}, \boldsymbol{\mu}, \boldsymbol{\Sigma})$$

$$= \frac{\partial}{\partial \boldsymbol{\Sigma}_k} \sum_{n=1}^{N} \ln\{\sum_{k=1}^{K} \pi_k \mathcal{N}(\boldsymbol{x}_n|\boldsymbol{\mu}_k, \boldsymbol{\Sigma}_k)$$

$$= \sum_{n=1}^{N} \frac{\partial}{\partial \boldsymbol{\Sigma}_k} \ln\{\sum_{k=1}^{K} \pi_k \mathcal{N}(\boldsymbol{x}_n|\boldsymbol{\mu}_k, \boldsymbol{\Sigma}_k)\}$$

$$= \sum_{n=1}^{N} \frac{\pi_k \frac{\partial}{\partial \boldsymbol{\Sigma}_k} N(\boldsymbol{x}_n|\boldsymbol{\mu}_k, \boldsymbol{\Sigma}_k)}{\sum_{j=1}^{K} \pi_j \mathcal{N}(\boldsymbol{x}_n|\boldsymbol{\mu}_j, \boldsymbol{\Sigma}_j)}$$

$$= \sum_{n=1}^{N} \frac{\pi_k \mathcal{N}(\boldsymbol{x}_n|\boldsymbol{\mu}_k, \boldsymbol{\Sigma}_k)}{\sum_{j=1}^{K} \pi_j \mathcal{N}(\boldsymbol{x}_n|\boldsymbol{\mu}_j, \boldsymbol{\Sigma}_j)} \left\{ -\frac{1}{2}(\boldsymbol{\Sigma}_k^{-1})^T + \right.$$

$$\left. \frac{1}{2}\left\{\boldsymbol{\Sigma}_k^{-1}(\boldsymbol{x}_n - \boldsymbol{\mu}_k)(\boldsymbol{x}_n - \boldsymbol{\mu}_k)^T \boldsymbol{\Sigma}_k^{-1}\right\}^T \right\}.$$

対称行列であるため転置しても変わりませんので偏微分の式を 0 として以下を得ます.

$$\sum_{n=1}^{N} \gamma(z_{nk})\boldsymbol{\Sigma}_k^{-1} = \sum_{n=1}^{N} \gamma(z_{nk})\boldsymbol{\Sigma}_k^{-1}(\boldsymbol{x}_n - \boldsymbol{\mu}_k)(\boldsymbol{x}_n - \boldsymbol{\mu}_k)^T \boldsymbol{\Sigma}_k^{-1}.$$

左右から $\boldsymbol{\Sigma}_k$ をかけると以下の式を得ます.

$$\boldsymbol{\Sigma}_k = \frac{1}{N_k} \sum_{n=1}^{N} \gamma(z_{nk})(\boldsymbol{x}_n - \boldsymbol{\mu}_k)(\boldsymbol{x}_n - \boldsymbol{\mu}_k)^T.$$

3. 混合係数パラメータ

最後に各正規分布の重なり合いの度合を表す混合係数 $\boldsymbol{\pi}$ を求めます. ただし, $\sum_{k=1}^{K} \pi_k = 1$ という制約条件があるため, ラグランジュの未定乗数法を用います:

$$\ln p(\mathbf{X}|\boldsymbol{\pi}, \boldsymbol{\mu}, \boldsymbol{\Sigma}) + \lambda(1 - \sum_{k=1}^{K} \pi_k).$$

π_k で偏微分を行ったのち, 式を 0 とおきます:

$$\frac{\partial}{\partial \pi_k} \left\{ \ln p(\mathbf{X}|\boldsymbol{\pi}, \boldsymbol{\mu}, \boldsymbol{\Sigma}) + \lambda(1 - \sum_{k=1}^{K} \pi_k) \right\} = \sum_{n=1}^{N} \frac{\mathcal{N}(\boldsymbol{x}_n|\boldsymbol{\mu}_k, \boldsymbol{\Sigma}_k)}{\sum_{j=1}^{K} \pi_j \mathcal{N}(\boldsymbol{x}_n|\boldsymbol{\mu}_j, \boldsymbol{\Sigma}_j)} - \lambda$$

$$\sum_{n=1}^{N} \frac{\gamma(z_{nk})}{\pi_k} - \lambda = 0$$

$$\sum_{n=1}^{N} \gamma(z_{nk}) = \lambda \pi_k = N_k$$

$$N = \sum_{k=1}^{K} N_k = \sum_{k=1}^{K} \lambda \pi_k = \lambda$$

　したがって，k 番目の分布の混合係数 π_k はその分布の全ての観測点に対する負担率の平均です:

$$\pi_k = \frac{N_k}{N}.$$

　尤度関数を最大化する k 番目の正規分布のパラメータはそれぞれ次のとおりです.

$$\boldsymbol{\mu}_k = \frac{1}{N_k} \sum_{n=1}^{N} \gamma(z_{nk}) \boldsymbol{x}_n \tag{4.11}$$

$$\boldsymbol{\Sigma}_k = \frac{1}{N_k} \sum_{n=1}^{N} \gamma(z_{nk}) (\boldsymbol{x}_n - \boldsymbol{\mu}_k)(\boldsymbol{x}_n - \boldsymbol{\mu}_k)^T \tag{4.12}$$

$$\pi_k = \frac{N_k}{N} \tag{4.13}$$

$$\text{ただし, } N_k = \sum_{n=1}^{N} \gamma(z_{nk}).$$

　(4.12), (4.13), (4.14) 式から分かるとおり，混合正規分布のパラメータを求めるには $\gamma(z_{nk})$ が必要です．一方，$\gamma(z_{nk})$ を求めるには (4.9) 式で示されるように正規分布の混合係数 π_k と各正規分布のパラメータ $\boldsymbol{\mu}_k, \boldsymbol{\Sigma}_k$ の値が必要でした．つまり，負担率 $\gamma(z_k)$ とパラメータ $\boldsymbol{\theta} = \{\pi_k, \boldsymbol{\mu}_k, \boldsymbol{\Sigma}_k\}$ が相互に依存していて解を求められません．これは対数尤度関数 (4.10) 式には (4.8) 式にあったように潜在変数 $\mathbf{z}$ が内在しており，観察点 $\mathbf{X} = \{\boldsymbol{x}_1, \ldots, \boldsymbol{x}_n\}$ から，直接に最尤推定して混合正規分布のパラメータを求めるには情報が不足していることを意味します．このとき観測データは**不完全** (incomplete) であるといいます.

　もし観察されない $\mathbf{Z}$ が分かれば，$\{\mathbf{X}, \mathbf{Z}\}$ という**完全データ集合** (complete data set) によって最尤推定を行うことができます．この尤度関数を表すと次の形になります.

$$L(\boldsymbol{\pi}, \boldsymbol{\mu}, \boldsymbol{\Sigma} | \mathbf{X}, \mathbf{Z}) = p(\mathbf{X}, \mathbf{Z} | \boldsymbol{\pi}, \boldsymbol{\mu}, \boldsymbol{\Sigma})$$
$$= \prod_{n=1}^{N} \prod_{k=1}^{K} \pi_k^{z_{nk}} \mathcal{N}(\boldsymbol{x}_n | \boldsymbol{\mu}_k, \boldsymbol{\Sigma}_k)^{z_{nk}}.$$

ただし，z_{nk} は $\boldsymbol{z}_n$ の k 番目の要素を表します．よって完全データ集合に対する対数尤度は次の形で表せます．

$$l(\boldsymbol{\pi}, \boldsymbol{\mu}, \boldsymbol{\Sigma} | \mathbf{X}, \mathbf{Z}) = \ln p(\mathbf{X}, \mathbf{Z} | \boldsymbol{\pi}, \boldsymbol{\mu}, \boldsymbol{\Sigma})$$
$$= \sum_{n=1}^{N} \sum_{k=1}^{K} z_{nk} \{ \ln \pi_k + \ln \mathcal{N}(\boldsymbol{x}_n | \boldsymbol{\mu}_k, \boldsymbol{\Sigma}_k) \}. \quad (4.14)$$

(4.10) 式と比較して，対数が k の総和計算の中に入っており，容易に計算できます．これはそれぞれの観測点 $\boldsymbol{x}_n$ に対して $z_{nk} = 1$ が一意に決められるためです．パラメータのうち，平均ベクトルと共分散行列は N 個の観察値が K 個の正規分布に割り振られていますので，単純に求めることができ，制約条件のある混合係数 π_k もラグランジュの未定乗数法から平易に求めることができます．

$$\frac{\partial}{\partial \pi_k} \left\{ \ln p(\mathbf{X}, \boldsymbol{\Sigma} | \pi, \boldsymbol{\mu}_k, \boldsymbol{\Sigma}) + \lambda (1 - \sum_{k=1}^{K} \pi_k) \right\}$$
$$= \frac{\partial}{\partial \pi_k} \left\{ \sum_{n=1}^{N} \sum_{k=1}^{K} z_{nk} \{ \ln \pi_k + \ln \mathcal{N}(\boldsymbol{x}_n | \boldsymbol{\mu}_k, \boldsymbol{\Sigma}_k) + \lambda (1 - \sum_{k=1}^{K} \pi_k) \right\}$$
$$= \sum_{n=1}^{N} z_{nk} \frac{1}{\pi_k} - \lambda.$$

これを 0 とおき，混合係数が求められます：

$$\pi_k = \frac{1}{\lambda} \sum_{n=1}^{N} z_{nk}, \quad \sum_{n=1}^{N} \sum_{k=1}^{K} z_{nk} = \lambda \sum_{k=1}^{K} \pi_k = \lambda = N \quad \text{より}$$
$$\pi_k = \frac{1}{N} \sum_{n=1}^{N} z_{nk}.$$

不完全なデータから尤度を求めることは難しくとも，完全データ集合に対する尤度が容易に求められる場合は EM アルゴリズムという手法を用い，不完全なデータを補いながらパラメータ推定を行うことができます．

(c) EM アルゴリズムの考え方

　ここでは不完全なデータの最尤解を求める方法として EM アルゴリズム (expectation-maximization algorithm) の考え方を紹介します. 前項で説明したように実際に観測値をクラスタリングする際は潜在変数の値は分からないため, 完全データ集合に対する尤度は求められません. そこで潜在変数の事後分布を代替として用いた完全データ集合の対数尤度関数を最大化していきます. 潜在変数 $\mathbf{Z}$ の事後分布は,

$$
\begin{aligned}
p(\mathbf{Z}|\mathbf{X}, \boldsymbol{\pi}, \boldsymbol{\mu}, \boldsymbol{\Sigma}) &= \frac{p(\mathbf{X}, \mathbf{Z}|\boldsymbol{\pi}, \boldsymbol{\mu}, \boldsymbol{\Sigma})}{p(\mathbf{X}|\boldsymbol{\pi}, \boldsymbol{\mu}, \boldsymbol{\Sigma})} \\
&= \frac{\prod_{n=1}^{N}\prod_{k=1}^{K}\{\pi_k \mathcal{N}(\boldsymbol{x}_n|\boldsymbol{\mu}_k, \boldsymbol{\Sigma}_k)\}^{z_{nk}}}{\sum_{(\boldsymbol{z}_1,\ldots,\boldsymbol{z}_N)}\prod_{n=1}^{N}\prod_{j=1}^{K}\{\pi_j \mathcal{N}(\boldsymbol{x}_n|\boldsymbol{\mu}_j, \boldsymbol{\Sigma}_j)\}^{z_{nj}}} \\
&\propto \prod_{n=1}^{N}\prod_{k=1}^{K}\{\pi_k \mathcal{N}(\boldsymbol{x}_n|\boldsymbol{\mu}_k, \boldsymbol{\Sigma}_k)\}^{z_{nk}}
\end{aligned}
$$

です. この式の右辺は n について積の形をしているため, それぞれの $\boldsymbol{z}_n$ の事後分布は次の形となります.

$$
p(\boldsymbol{z}_n|\boldsymbol{x}_n, \boldsymbol{\pi}, \boldsymbol{\mu}, \boldsymbol{\Sigma}) = \frac{\prod_{k=1}^{K}\{\pi_k \mathcal{N}(\boldsymbol{x}_n|\boldsymbol{\mu}_k, \boldsymbol{\Sigma}_k)\}^{z_{nk}}}{\sum_{\boldsymbol{z}_n}\prod_{j=1}^{K}\{\pi_j \mathcal{N}(\boldsymbol{x}_n|\boldsymbol{\mu}_j, \boldsymbol{\Sigma}_j)\}^{z_{nj}}}.
$$

　したがって, 潜在変数の期待値を求めることができます:

$$
\begin{aligned}
E(z_{nk}) &= \sum_{\boldsymbol{z}_n} z_{nk} p(\boldsymbol{z}_n|\boldsymbol{x}_n, \boldsymbol{\mu}, \boldsymbol{\Sigma}, \boldsymbol{\pi}) \\
&= \sum_{\boldsymbol{z}_n}\left(\frac{z_{nk}\prod_{k'=1}^{K}(\pi_{k'}\mathcal{N}(\boldsymbol{x}|\boldsymbol{\mu}_{k'}, \boldsymbol{\Sigma}_{k'}))^{z_{nk'}}}{\sum_{\boldsymbol{z}_{n'}}\prod_{j=1}^{K}(\pi_j\mathcal{N}(\boldsymbol{x}|\boldsymbol{\mu}_j, \boldsymbol{\Sigma}_j))^{z_{n'j}}}\right) \\
&= \frac{\sum_{\boldsymbol{z}_n} z_{nk}\prod_{k'=1}^{K}(\pi_{k'}\mathcal{N}(\boldsymbol{x}|\boldsymbol{\mu}_{k'}, \boldsymbol{\Sigma}_{k'}))^{z_{nk'}}}{\sum_{\boldsymbol{z}_n}\prod_{j=1}^{K}(\pi_j\mathcal{N}(\boldsymbol{x}|\boldsymbol{\mu}_j, \boldsymbol{\Sigma}_j))^{z_{nj}}} \\
&= \frac{\pi_k\mathcal{N}(\boldsymbol{x}_n|\boldsymbol{\mu}_k, \boldsymbol{\Sigma}_k)}{\sum_{j=1}^{K}\pi_j\mathcal{N}(\boldsymbol{x}_n|\boldsymbol{\mu}_j, \boldsymbol{\Sigma}_j)} = \gamma(z_{nk}).
\end{aligned}
$$

この式はすでに出てきた負担率であり, k 番目の分布によってデータ x_n が説明される割合という意味を持ちます. この潜在変数の事後分布の期待値を求めるところが EM アルゴリズムの名前の Expectation のステップです. 負担率を用いた疑似的な完全データ集合の対数尤度関数の期待値は次のように与

$$-\sum_{n=1}^{N}\sum_{k=1}^{K}q(z_{nk})\left\{\ln\sum_{j=1}^{K}\pi_j\mathcal{N}(x_n|\boldsymbol{\theta_j})+\ln\frac{\pi_k N(x_n|\boldsymbol{\theta_k})}{q(z_{nk})\sum_{j=1}^{K}\pi_j\mathcal{N}(x_n|\boldsymbol{\theta_j})}\right\}$$

$$=-\sum_{n=1}^{N}\sum_{k=1}^{K}q(z_{nk})\ln\frac{\pi_k\mathcal{N}(x_n|\boldsymbol{\theta_k})}{q(z_{nk})\sum_{j=1}^{K}\pi_j N(x_n|\boldsymbol{\theta_j})}$$

$$=-\sum_{n=1}^{N}\sum_{k=1}^{K}q(z_{nk})\ln\frac{\gamma(z_{nk})}{q_{nk}}.$$

この差はカルバックライブラー情報量 (KL 情報量) (Kullback Leibler divergence) と呼ばれ，非負です．またこの KL 情報量が 0 となるのは $q(z_{nk})=\gamma(z_{nk})$ のときです．

　以上の 2 点から EM アルゴリズムの E ステップではパラメータ $\boldsymbol{\theta}$ を固定し，$q(z_{nk})$ を計算しますが，$q(z_{nk})$ に負担率 $\gamma(z_{nk})$ を用いるときに KL 情報量が 0 となり，観察値データの対数尤度と疑似的な完全データ集合の対数尤度が一致します．続く M ステップでは $q(z_{nk})$，つまり負担率 $\gamma(z_{nk})$ を固定し，下界を最大化させる新しいパラメータ $\boldsymbol{\theta}=\{\boldsymbol{\mu},\boldsymbol{\Sigma},\boldsymbol{\pi}\}$ を計算できます．このとき不完全な観測値データの対数尤度が上昇し，KL 情報量は再び正の値になります．これは観察データの尤度が下界の水準から KL 情報量だけ増加しているということを表しています．このように EM アルゴリズムによって E ステップと M ステップを交互に繰り返すことで対数尤度が単調に増加していきます．

(f)　混合正規分布の推定

　再び R の iris データを用いて，EM アルゴリズムによって混合正規分布の推定をしてみましょう．mclust というパッケージを使います．

```
> library("mclust")
> X <- iris[,1:2]
> result <- Mclust(X)
> print(summary(result,parameters=TRUE))
----------------------------------------------------
Gaussian finite mixture model fitted by EM algorithm
----------------------------------------------------
```

```
Mclust VEV (ellipsoidal, equal shape) model
with 2 components:
 log.likelihood   n df      BIC       ICL
      -225.9263 150 10 -501.9589 -503.6222


Clustering table:
  1   2
 49 101


Mixing probabilities:
          1         2
0.3223103 0.6776897


Means:
                 [,1]      [,2]
Sepal.Length 5.016245 6.236698
Sepal.Width  3.454680 2.868354


Variances:
[,,1]
             Sepal.Length Sepal.Width
Sepal.Length   0.12129045  0.09030555
Sepal.Width    0.09030555  0.11938505


[,,2]
             Sepal.Length Sepal.Width
Sepal.Length    0.4643624   0.1251138
Sepal.Width     0.1251138   0.1117615


> result$classification
  [1] 1 1 1 1 1 1 1 1 1 1 1 1 1 1 1 1 1 1 1 1 1 1 1 1 1
 [26] 1 1 1 1 1 1 1 1 1 1 1 1 1 1 1 1 1 1 2 1 1 1 1 1 1 1
```

```
[51] 2 2 2 2 2 2 2 2 2 2 2 2 2 2 2 2 2 2 2 2 2 2 2 2 2
[76] 2 2 2 2 2 2 2 2 2 2 2 2 2 2 2 2 2 2 2 2 2 2 2 2 2
[101] 2 2 2 2 2 2 2 2 2 2 2 2 2 2 2 2 2 2 2 2 2 2 2 2 2
[126] 2 2 2 2 2 2 2 2 2 2 2 2 2 2 2 2 2 2 2 2 2 2 2 2 2


> x11();plot(result)
Model-based clustering plots:
1: BIC
2: classification
3: uncertainty
4: density
Selection: 2 #1,2,3,4 を選択入力. やめるときは 0.
> x11();surfacePlot(X,parameters=result$parameters,"persp",
"density",theta=30, phi=30, expand=0.3, ltheta=100,
shade=0.5, border=NA)
```

　Clustering table と result$classification の結果からおおむね
setosa, versicolor と virginica の 2 つの分布に分けることが出来まし
た. K-means 法を用いた結果である図 4.15 と混合正規分布を用いた結果で
ある図 4.23 を比較すると, 混合正規分布のクラスタリングではクラスター内
の個体数が異なるケースでも帰属する分布の傾向を反映して分類できていま
す. 図 4.24 は 2 つの楕円の間にある点の面積が大きくなっています. 点の大
きさがクラスタリングの不確かさを表しますので 2 つのクラスターの間では
境界がやや曖昧になることを示しています. 代表点からの距離で明確に分か
れる K-means 法とは異なる特徴です. また K-means 法は外れ値を取る個体
があっても他の個体と同じ重みで評価するため, 外れ値が代表点の位置に大
きく影響する可能性があります. 一方, 混合正規分布を用いたクラスタリン
グは図 4.25 や図 4.26 のように分布の裾に外れ値をおくことによって, 確率
が非常に低い頻度でしか起こらないという位置づけを与えることができ, 外
れ値によって分布の山がずれてしまうことをある程度避けることができます.

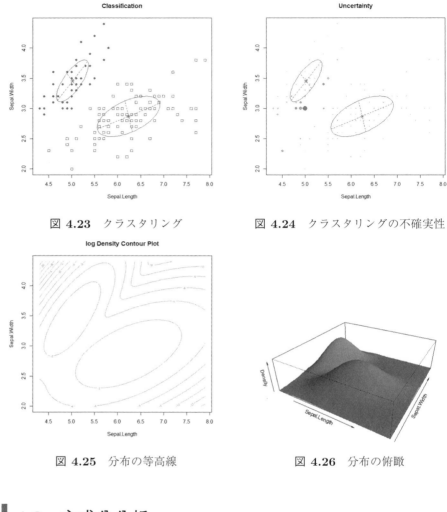

図 4.23　クラスタリング　　　　図 4.24　クラスタリングの不確実性

図 4.25　分布の等高線　　　　図 4.26　分布の俯瞰

4.2　主成分分析

　この章では教師なし学習で次元削減を行う手法として主成分分析 (principal components analysis) を説明します.

　主成分分析は評価しにくい多次元のデータ集合に対し，新たな座標軸を設定し直すことで各データを区別し，解釈しやすくための手法です．さらにデータの情報量をあまり落とさずに 2〜3 次元の空間へ縮約すれば，データ集合を視覚的に把握しやすくなります.

4.2.1　次元の削減

　まず主成分分析を用いる際の大きな利点である次元削減について説明します．例えばある集団の「身長」と「体重」という 2 次元のデータを用いて，以下のような肥満度指数 (Body Mass Index) という 1 次元のデータであらわすことも次元削減です．

$$\mathrm{BMI} = \frac{体重}{身長^2}$$

この指数によってこの集団に属する人同士を体格の違いを考慮せずに一つの値で評価することができるようになります．これが次元削減を行う主なメリットです．一方，このように次元削減を行うと必ず元のデータが持つ情報が失われます．この肥満度指数でいえば，身長や体重の値の大きさという情報は失われてしまいますので，これらの情報に基づく分布の傾向や偏りなどは分からなくなります．また，次元削減のやり方によって情報の損失の大きさも変わってきます．このことを簡単な図を用いて見てみましょう．

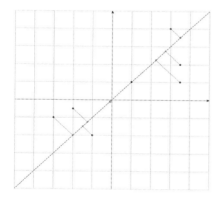
図 **4.27**　情報損失少ない

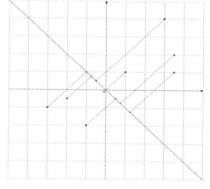
図 **4.28**　情報損失多い

　図 4.27, 図 4.28 は 2 次元平面上の点を点線であらわされる直線に射影することで 1 次元の部分空間でデータの分布をあらわしています．このように次元の削減をすることでデータの評価がしやすくなります．ここで図 4.27 に比べて図 4.28 は射影後の点の間隔が狭く，各データ毎の違いがはっきりしません．これは射影した際に図 4.28 のほうが情報の損失が大きいためです (情報の損失は各点から直線におろした垂線の長さであらわされます)．

　　次元削減の説明のために挙げたデータ例は 2 次元でしたが，実際に分析対象となるデータ集合はもっと多次元で複雑になることの方が一般的です．こうした多次元のデータを次元削減によって解釈しやすくしつつ，情報の損失を可能な限り抑える分析手法がこれから説明する主成分分析です．

4.2.2　主成分分析と主軸変換

　　まず主成分分析を行うことによる効果について視覚的に確認してみましょう．次の図 4.29 のように 2 次元データ $x = (x_1, x_2)$ が観察されているとします．観察された各点は x_1 と x_2 に正の相関があるような分布をしており，x_1 軸と x_2 軸によってデータのばらつきが説明されることが分かります．

　　一方，図 4.30 に示される a_1 方向の軸と a_2 方向の軸でデータのばらつきを評価すると x_1 軸や x_2 軸より，a_1 方向の軸による説明力の方が大きいことが分かるでしょう．a_1 方向の軸が十分に説明力を持つならば a_2 方向の軸は不要かもしれません．このように主成分分析はデータのばらつきをより明確に表す新しい評価軸を選び直す手法だということができます．

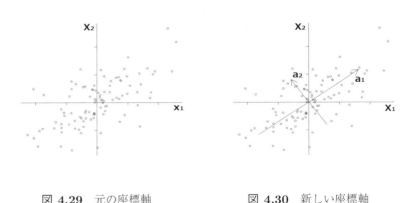

図 4.29　元の座標軸　　　　　図 4.30　新しい座標軸

4.2.3　中心化と尺度基準化

　　分析するデータによっては，中心化や尺度基準化といった作業を行うことになります．例えば中心化を行わないと新しい軸を選び直す際に原点が変わっ

てしまいますし，尺度基準化がされていないと大きな値を取る変量の重みだけが大きくなってしまうからです．

　さて，この章では p 種類の変量を持つ n 個の観測データをデータ行列 $\boldsymbol{Y}$ と呼び，以下のように定義します．

$$\boldsymbol{Y} = \begin{pmatrix} y_{11} & y_{12} & \cdots & y_{1p} \\ y_{21} & y_{22} & \cdots & y_{2p} \\ \vdots & & \ddots & \vdots \\ y_{n1} & y_{n2} & \cdots & y_{np} \end{pmatrix}$$

そして，変量に対応するデータ行列 $\boldsymbol{Y}$ の各列ベクトル $\boldsymbol{y} = (y_1, y_2, \ldots, y_n)^T$ を使って変量の代表値をあらわしてみましょう．まず平均値は

$$\bar{y} = (\mathbf{1}^T \boldsymbol{y})/n$$

ですので，両辺に $\mathbf{1}$ をかけて

$$\bar{y}\mathbf{1} = \frac{1}{n}\mathbf{1}\mathbf{1}^T \boldsymbol{y}$$

という平均値 $\bar{y}$ がすべての要素となる n 次元ベクトルができます．よって元の変量と平均値の間の偏差ベクトル $\boldsymbol{d}$ は次のように表せます．

$$\boldsymbol{d} = \boldsymbol{y} - \bar{y}\mathbf{1} = \boldsymbol{y} - \frac{1}{n}\mathbf{1}\mathbf{1}^T \boldsymbol{y}$$
$$= \left(\mathbf{I} - \frac{1}{n}\mathbf{1}\mathbf{1}^T\right)\boldsymbol{y}, \quad \text{ただし，} \mathbf{I} \text{ は単位行列．}$$

ここで，

$$\boldsymbol{P} = \frac{1}{n}\mathbf{1}\mathbf{1}^T$$

とすると $\mathbf{I} - \boldsymbol{P}$ をかける演算は各列の中心を平均に持ってくるための中心化の操作であるということができます．

　次に分散については偏差ベクトル $\boldsymbol{d}$ より，

$$\boldsymbol{V}(\boldsymbol{y}) = \frac{1}{n}\boldsymbol{d}^T\boldsymbol{d} = \frac{1}{n}\boldsymbol{y}^T(\mathbf{I} - \boldsymbol{P})\boldsymbol{y}$$
$$(\because \boldsymbol{P}^2 = \boldsymbol{P} \text{ より } (\mathbf{I} - \boldsymbol{P})^T(\mathbf{I} - \boldsymbol{P}) = (\mathbf{I} - \boldsymbol{P}))$$

です．よって，標準偏差 $\sqrt{\boldsymbol{V}(\boldsymbol{y})}$ で中心化した $\boldsymbol{y}$ を割ることによって尺度を基準化することができます．つまり，

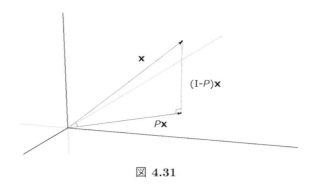

図 4.31

$$\tilde{y} = \frac{(\mathbf{I} - \mathbf{P})y}{\sqrt{V(y)}}$$

は y の中心と尺度を基準化したベクトルです.

4.2.4 主成分分析

まず分析の対象である p 次元空間のデータ集合 $\{y | y_n \in \mathbb{R}^p, n = 1, 2, \ldots, N\}$ を中心化し，原点 0 を中心とした $\{x | x_n \in \mathbb{R}^p, x_n = (\mathbf{I} - \mathbf{P})y_n\}$ を座標軸とするデータ行列 X であらわします．ここで新しく選びなおす座標軸方向の単位ベクトルを a とするとこの新しい座標軸での各データの座標は $z = (a, x) = a^T x$ となるため，データ行列の座標も Xa となります．ここでデータの散らばりをできるだけ大きくする座標軸を選び直すということはこの座標軸へ射影した各データ点の分散を最大化するということと同じです．よって元のデータ行列を $p \times p$ 分散共分散行列 $\Sigma = (X^T X)/N$ として新しい座標軸上の分散最大化していきます．なお Σ は対称行列です:

$$\frac{1}{N} a^T X^T X a = a^T \Sigma a.$$

これを目的関数として単位ベクトル a による制約条件 $a^T a = 1$ の元で最大化するため，ラグランジュの未定乗数法を用います:

$$L(a, \lambda) = a^T \Sigma a - \lambda(a^T a - 1).$$

この L を最大化する単位ベクトル a，つまり分散を最大化する座標軸を導出するため，偏微分して 0 とおくと固有値問題に帰着します:

足立区	0.0407	107	25887	0.0007604	460
葛飾区	0.0420	76	17953	0.0007198	365
江戸川区	0.0449	106	21840	0.0006781	431

　このデータに明快な解釈を与えるため，もっと少ない次元に情報を落とし込んでみましょう．まず，このデータ行列に中心化と標準偏差による尺度基準化を施して，R の主成分分析 prcomp を用います．

```
> result <- prcomp(tokyo.data,center = T,scale = T)
> result
Standard deviations:
[1] 1.7169448 1.5033302 0.9701498 0.7424441 0.4359561
[6] 0.2841284 0.1699961

Rotation:
                        PC1          PC2         PC3
外国人比率          0.11487191 -0.41372743  0.6808053
学校数             -0.25642436  0.54120185  0.2779946
事業所数            0.47929600  0.23868271  0.2841802
公園の数           -0.02516703  0.50612416 -0.2991371
病院.クリニック数    0.30478766  0.46491752  0.4031581
一人当たり住民税     0.54218318 -0.02701080 -0.2225289
土地坪単価.中央値.   0.55121215 -0.07694922 -0.2773557
                        PC4          PC5         PC6
外国人比率          0.452098016 -0.356763174  0.1048349
学校数             -0.224928404 -0.212222690  0.6439290
事業所数            0.202257476  0.682532390  0.2527753
公園の数            0.766307995 -0.233672196 -0.1050137
病院.クリニック数   -0.284241892 -0.198161600 -0.6347168
一人当たり住民税    -0.189913567 -0.517554600  0.2851167
土地坪単価.中央値.   0.004236805 -0.009880533  0.1236326
                        PC7
外国人比率         -0.09734094
```

学校数	-0.23192750
事業所数	0.24878430
公園の数	0.02938443
病院. クリニック数	-0.07411382
一人当たり住民税	0.52016078
土地坪単価. 中央値.	-0.77325106

`Rotation:`に主成分第 1 主成分軸（PC1）から第 7 主成分軸（PC7）まで
出てきます．この主成分軸ベクトルの解釈はあとで説明することにして，ま
ずは各主成分軸がどのくらい説明力を持っているのかを見ていきます．

(a)　主成分寄与率

　主成分分析を行った際，まず主成分寄与率によって主成分が元データ行列
の情報を保持している割合を調べます．また累積寄与率を見て，一定の説明
力がある主成分軸までで打ち切れば次元削減できます．それぞれ定義を見て
いきましょう．まず，主成分寄与率は、本来のデータが p 次元だとした場合、
ある主成分が全体の情報のどのくらいを説明できるかをあらわします．これ
はある主成分ベクトルに対する固有値，つまり分散 λ_k を用いて以下のよう
に示せます．

$$\frac{\lambda_k}{\sum_{i=1}^{N} \lambda_i}.$$

　また，累積寄与率とは n 次元 $(n < N)$ の主成分で全体の情報をどの程度
まで説明できるかを表しています．

$$\frac{\sum_{j=1}^{n} \lambda_j}{\sum_{i=1}^{N} \lambda_i}.$$

　では東京 23 区の例をもとに R の `prcomp` の結果を `summary` で閲覧してみ
ましょう．

```
> summary(result)
Importance of components:
                          PC1     PC2     PC3      PC4      PC5
Standard deviation     1.7169  1.5033  0.9701  0.74244  0.43596
Proportion of Variance 0.4211  0.3229  0.1345  0.07875  0.02715
Cumulative Proportion  0.4211  0.7440  0.8784  0.95719  0.98434
                          PC6     PC7
Standard deviation     0.28413 0.17000
Proportion of Variance 0.01153 0.00413
Cumulative Proportion  0.99587 1.00000
```

Proportion of Variance より第一主成分 (PC1) によって各データのばらつきの約 42 パーセントが説明されることが分かります. また Cumulative Proportion より第三主成分 (PC3) までで約 87 パーセント説明されるようです.

(b) 主成分得点 (principal components score)

さて, 累積寄与率によって第三主成分まで見ればかなりの情報量が反映されていることが分かりましたので, これら新しい軸での解釈を考えてみましょう.

```
Rotation:
                       PC1          PC2          PC3
外国人比率           0.11487191  -0.41372743   0.6808053
学校数              -0.25642436   0.54120185   0.2779946
事業所数             0.47929600   0.23868271   0.2841802
公園の数            -0.02516703   0.50612416  -0.2991371
病院.クリニック数     0.30478766   0.46491752   0.4031581
一人当たり住民税      0.54218318  -0.02701080  -0.2225289
土地坪単価.中央値.    0.55121215  -0.07694922  -0.2773557
```

　　第一主成分（PC1）の主成分軸は住民の所得も地価も高く，事業所の多い
変量に重みづけされているため，経済活動の活発な地域をあらわしているよ
うです．一方，第二主成分は学校や公園，医療機関の多さにプラスウェイトさ
れているので，居住環境としての充実度合をあらわしていると解釈できそう
です．さらに第三主成分は外国人比率の高さと医療機関の多さに高いウェイ
トがふられている一方，公園の数や土地単価はマイナスウェイトのため，比較
的手頃に住める環境に海外からの在住者が集まっている地域というイメージ
でしょう．

　　さて，主成分分析によって求められた新たな主成分軸においてデータ行列
を評価したものが主成分得点です．各主成分軸の主成分得点は

$$z_j = X a_j, \quad j = 1, 2, \ldots, m$$

となりますので，前述の特異値分解の結果を用いれば，

$$Z = X A = U D$$

と計算できます．ただし，$v_j = a_j, V = A$ です．

　　さきほどのデータから特異値分解を用いて主成分得点を計算してみましょう．

```
> scale(tokyo.data) %*% result.2$v #主成分行列
#result.2$u %*% diag(result.2$d) でも同じ
                 [,1]         [,2]         [,3]
千代田区   3.57256829   0.65904790  -1.82791529
中央区     2.62151925  -0.19509886  -0.63865111
港区       4.48280304  -0.34535473   0.87636451
新宿区     1.44844394  -1.00156308   2.77251722
文京区    -0.31659343  -1.17395782  -1.04311030
台東区    -0.08798628  -2.41078838   0.49765306
墨田区    -1.26972190  -1.26711308  -0.64795378
江東区    -0.83996632  -0.07686356   0.15010711
品川区    -0.10920967   0.39230518  -0.92449340
目黒区    -0.22785918  -1.30325109  -1.32799344
大田区     0.01972677   2.21679508   0.25877761
```

```
世田谷区   0.53447428   2.94071119   1.05419923
渋谷区     1.98615223  -0.24558667  -0.46572703
中野区    -1.06913408  -0.94018535  -0.52540486
杉並区    -0.48321007   0.69067392  -0.22987138
豊島区    -0.13943205  -1.47480626   1.23754735
北区      -1.54380197  -1.00618591   0.02036828
荒川区    -1.71982372  -2.41567602   0.24433092
板橋区    -1.23881749   0.54582768   0.10283293
練馬区    -1.12116652   2.86158913  -0.43650739
足立区    -1.41289126   1.80660996   0.52992114
葛飾区    -1.63600368   0.55851948  -0.19625323
江戸川区  -1.45007020   1.18435128   0.51926184
...
```

　結果を見ると一人当たりの住民税と地価の高さ，事務所数の多さに重みづけされた第一主成分は港区，千代田区，中央区，渋谷区が高いスコアとなっていることが分かります．実際にこれらの区は日本を代表する企業の本社が集積している区であり，納得できる結果でしょう．また第二主成分は学校や公園，医療機関が多く，居住区としての魅力が高いエリアとして世田谷区，練馬区，大田区が高いスコアとなっています．さらに第三主成分は国際色豊かな区として，新宿区や豊島区が高いスコアとなっています．

5 ニューラルネットワーク入門

この章ではニューラルネットワークを取り上げます．ニューラルネットワークは，第3次 AI ブームで最も注目されているディープラーニングの基礎です．本書の構成から言えば，教師あり機械学習の1つとして取り上げるべき内容なのですが，最近発行されている機械学習の書籍では基礎的な原理から説明されることはあまりないので，本書ではあえて1つの章を設けることにしました．本章では，まず，古典的な活性化関数である定義関数を用いてニューラルネットワークの原理を理解します．そして，それを微分可能な活性化関数に取り換えて数学的な扱いを容易にし，フィードフォワードニューラルネットワークを導出します．さらに，R による実データへのあてはめや多層なフィードフォワードニューラルネットワークの考え方についても紹介します．

5.1　はじめに

そもそもニューラルネットワークは，脳神経細胞のシステムを模した数理モデルとして考案されました．脳はニューロンと呼ばれる神経細胞が多数存在し，それらが互いに結合しネットワークを構成しています．あるニューロンは，結合された他のニューロンからの刺激を受けています．ここで，刺激とはあるニューロンから次のニューロンへ電気信号を送ることを指します．いま，他のニューロンからの刺激の合計値が特定の閾値を超えた場合に，当該ニューロンは活性化 (Activation) した状態（発火した状態）となり，次のニューロンへ電気信号を送信します．つまり，各ニューロンはあらかじめ定められた閾値を超えた刺激を受けた場合にのみ次のニューロンへ電気信号を送信し，閾値を超えない場合には電気信号を送信しません．また，次のニューロンへ与える刺激には，強い刺激，弱い刺激などの強弱がつけられています．

　　ここまでを数式を用いてまとめてみましょう．図 5.1 には，あるニューロンAに対して，3 つのニューロンからの電気信号の刺激が加わります．ここで，図 5.1 のようなネットワークの構成を 2 層構造のネットワークと呼びます．

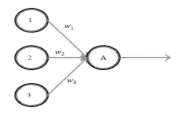

図 5.1　単純な 2 層構造のニューラルネットワーク

　　ニューロンからの電気信号の大きさは 1 で固定し，経路ごとに固有の重みをつけることで刺激の強弱をあらわしましょう．いま，ニューロン 1 から送信される電気信号を x_1，それにかかる重みを w_1 として表せば，ニューロンAに対する刺激 a は電気信号と重みの積の合計値になるため，つぎのように記すことができます．

$$a = \sum_{i=1}^{3} w_i x_i$$

なお，x_i はニューロン i から電気信号が送信された場合には 1，送信されなかった場合には 0 をとります．

　　いま，ニューロンAが活性化するか否かの閾値を C としましょう．つまり，ニューロンAが活性化するか否かは a と C の比較となり，ニューロンAからの電気信号 x_A は次のように表すことができます．

$$x_A = \begin{cases} 1 & a \geq C \\ 0 & a < C \end{cases}$$

　　ここで，一般的な定義関数 $I(x)$,

$$I(x) = \begin{cases} 1 & x \geq 0 \\ 0 & x < 0 \end{cases}$$

を用いると，ニューロンAからの出力する信号 x_A は，

$$x_A = I(a - C)$$

と書き直すことができます.

　ここまでは，3つのニューロンにつながっている，ニューロン A の活性化と送信する電気信号について確認してきました.　一般的なニューラルネットワークとは，多数のニューロンが結合しているネットワークを指し，ニューラルネットワークを用いて問題を解くとは，最終的なニューロンからの出力が期待する解になるように，各ユニットの活性化の水準を決める閾値（定数項の重み）と各径路の重みを求めることを指します.

　ここまで確認してきたニューラルネットワークを利用して，具体的に問題を解いてみましょう.　はじめに，もっとも単純なニューラルネットワークの例として，図 5.2 で示したネットワークを考えます.

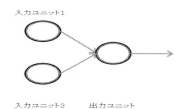

図 5.2　単純なニューラルネットワークの例

　2つの入力ユニットと1つの出力ユニットがあり，それぞれの入力ユニットから出力ユニットに信号が伝達される形を用います.　なお，各ユニットは受けた刺激が正の値であれば次のユニットに対して値が1の出力信号を送信するとします.

　はじめの具体的な問題例として**論理積** (AND, logical AND) を実現するようなニューラルネットワークを考えましょう.　論理積とは，表 5.1 で示したように入力された2つの信号が双方とも1であった場合にのみ出力ユニットからの出力が1となり，入力のいずれか一方でも0である場合には0が出力される論理演算です.

　重みの設定については，図 5.3 に示したように，出力ユニットとの定数項の重みを −1.5 にすれば論理積が実現できます.

　出力ユニットからの出力信号 x_o は，式で表せば，

$$I(x_1 + x_2 - 1.5)$$

と表すことができます.

表 5.1   論理積 AND

入力 A	入力 B	出力
1	1	1
0	1	0
1	0	0
0	0	0

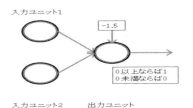

図 5.3   論理積のネットワーク

　いずれかの入力ユニットにのみ値 1 の信号が入力され, 一方が 0 の場合には, 出力ユニットに入力される刺激は定数項の重みを考慮すると −0.5 になるため, 0 を閾値とした階段関数を通すと 0 が出力されます. また, 2 つの入力ユニットに値が 1 の信号が入力されると, 出力ユニットに入力される刺激は定数項の重みを考慮しても 0.5 となり, 正の値をとります. したがって, 出力ユニットからは 1 が出力されることになります.

　続いて, **論理和** (OR, logical OR) の場合を考えてみましょう. 論理和は, 表 5.2 で示したように入力のいずれか一方が 1 の場合に 1 が出力され, 入力の双方ともに 0 のときだけ 0 が出力される論理演算になっています.

表 5.2   論理和 OR

入力 A	入力 B	出力
1	1	1
0	1	1
1	0	1
0	0	0

　先ほどと同様に図 5.2 で示したネットワークで論理和を考えてみましょう.
　図 5.4 で示したように, 出力ユニットの定数項を −0.5 とすれば論理和を実現することができます. つまり,

$$I\left(x_1 + x_2 - 0.5\right)$$

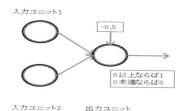

図 5.4　論理和のネットワーク

とあらわすことが可能です.

　いずれかの入力ユニットにのみ値 1 の信号が入力され，もう一方が 0 の場合には，出力ユニットに入力される刺激は定数項の重みを考慮しても 0.5 になり正の値となるため，出力ユニットからは 1 が出力されることになります.

　このように，ニューラルネットワークは期待する出力値が得られるように，ユニット間を伝達する信号に掛かる重みを適切に変更させることでデザインされています. 論理積や論理和のような単純な論理演算であれば，これまでのように入力ユニットと出力ユニットだけで構成されるような単純なネットワーク構成で十分です. しかしながら，さらに複雑な問題を扱う場合にはネットワーク構成を複雑にする必要があります.

5.2　層の追加〜フィードフォワードニューラルネットワークの導入〜

　本節では，複雑な問題を扱うための準備として，ニューラルネットワークでのそれぞれのニューロン（ユニット），信号，重みの表記法を紹介します.

　はじめに，ニューラルネットワークでのユニットのつなぎ方について，一般的に採用されている**フィードフォワードニューラルネットワーク** (feedforward neural network) を導入しましょう.

　フィードフォワードニューラルネットワークは，ニューロンを層状にグループ化し，信号の伝播を単一方向に限定させます. ここで，層の数に制限は設けません. 図 5.5 は，多層構造のフィードフォワードニューラルネットワークのうち，隣り合う 2 つの層のイメージを示しています. なお，前節の図 5.1 は，2 層構造のフィードフォワードニューラルネットワークと考えられます.

　いま，層の数を K とし，第 k 層に属するニューロンの数を n_k とします. 第

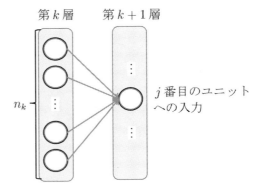

図 5.5 多層構造のフィードフォワードニューラルネットワーク

k 層にある i 番目のニューロンからの出力を $x_i^{[k]}$ としましょう.

このとき，第 k 層にあるニューロンからの出力をまとめてベクトル表記すると，入力ベクトルは $\boldsymbol{x}^{[k]} = \left(x_1^{[k]}, x_2^{[k]}, \ldots, x_{n_k}^{[k]} \right)^T$ とあらわすことができます[1].

[1]
$\left(x_1^{[k]}, x_2^{[k]}, \ldots, x_{n_k}^{[k]} \right)^T$ の
T は転置を示しています.

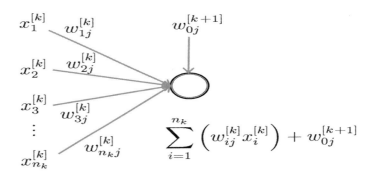

図 5.6 ニューロンへの入力のイメージ

つぎに，第 $k+1$ 層のニューロンへの入力について考えましょう.

いま，$k+1$ 層の j 番目にあるニューロンへの入力 $a_j^{[k+1]}$ は，第 k 層のニューロンからの出力 $x_i^{[k]}$ とそれぞれの重みパラメタ $w_{ij}^{[k]}$ との積の線形和に加え，そのニューロン特有の定数項の重み $w_{0j}^{[k+1]}$ を加えたもので定義され，

$$a_j^{[k+1]} = \sum_{i=1}^{n_k} w_{ij}^{[k]} x_i^{[k]} + w_{0j}^{[k+1]}$$

と表現できます.

　ニューロンからの出力は，入力 $a_j^{[k+1]}$ に何らかの関数を掛けたものであらわせます．つまり,

$$x_j^{[k+1]} = f\left(a_j^{[k+1]}\right)$$

です．前節で紹介した基本的なニューラルネットワークでは，定義関数を利用しました．この関数は，ニューロンから信号が送られるか否かを判定していた頃の名残りで，**活性化関数** (activation function) と呼ばれます．次節では，具体的に3層構造のフィードフォワードニューラルネットワークを用いて論理演算について考えていきましょう.

5.3　3層構造のニューラルネットワーク

　第5.1節では入力層と出力層の2層のみで構成されるニューラルネットワークを用いて，簡単な論理演算を表現しました．複雑な問題を扱うためには，層を増やす工夫が必要であることを指摘し，第5.2節で層を増やし，信号の伝播方法を単一方向に限定したフィードフォワードニューラルネットワークを導入しました．本節では，少し複雑な論理演算である**排他的論理和** (XOR, exclusive OR) を考えてみましょう.

　排他的論理和の入力と出力の関係は表5.3に示しました．排他的論理和では，入力のいずれか一方のみが1のときだけ出力値が1となります．論理和との違いは，入力の双方ともに1である場合に0が出力される点です.

表 5.3　排他的論理和 XOR

入力 A	入力 B	出力
1	1	0
0	1	1
1	0	1
0	0	0

　これまでに述べてきたとおり，排他的論理和は図5.2で示した入力と出力の2層しかない基本的なネットワークでは構築することができません．表5.3を確認する限りでは，論理積，または論理和と大きく異なった論理演算でな

いように思えます．なぜ，排他的論理和を実現するネットワークを構築することが難しいのでしょうか．

　それぞれの論理演算のイメージを図 5.7 に示しました．横軸に入力 A，縦軸には入力 B の値を示しており，出力値が 1 の場合に○，0 の場合に×を記しています．(1) は論理積を示しており，入力 A，入力 B の値がともに 1 の場合にのみ出力値が 1 となるため，○を記載しており，入力値がそれ以外の組み合わせの場合には出力値 0 を示す×を記載しています．同様に (2) は論理和を記しており，入力 A，入力 B の値がいずれか一方でも 1 の場合に，出力値 1 を示す○が記されており，入力値のいずれも 0 の場合には出力値 0 を示す×が記されています．

　図 5.7 の (1)，(2) ともに，出力値の○と×を区別する境界は直線であらわすことができます．直線の上側の領域内の点は出力値 1 を示す○，直線の下側の領域内の点は出力値 0 を示す×がそれぞれ存在することになります．このように，両者を区別する境界が直線で引けるような場合を，**線形分離可能**(linear separable) と呼びます．

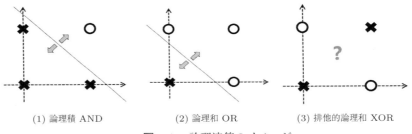

(1) 論理積 AND　　　　(2) 論理和 OR　　　　(3) 排他的論理和 XOR

図 5.7　論理演算のイメージ

　続いて，排他的論理和の場合を確認してみましょう．図 5.7 の (3) では，入力 A と入力 B の入力値と，それぞれに対応する出力値の関係が示されています．試してみるとすぐに分かりますが，排他的論理和の場合は，直線で○と×を区別することはできません．つまり，線形分離可能な問題ではないことが分かります．

　そこで，新たにユニットを加えてネットワークを大きくする必要がありますが，入力層と出力層のほかに層を増やさなければなりません．

　そこで，本編で学んだフィードフォワードニューラルネットワークを用いて，図 5.8 の左図 (a) のような 3 層構造のネットワークである，2-2-1 フィー

ドフォワードニューラルネットワークを用いて排他的論理和を表現してみましょう.

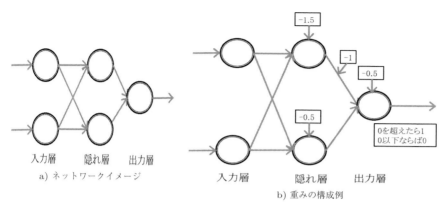

a) ネットワークイメージ

b) 重みの構成例

図 5.8　3層構造のニューラルネットワークの例

　図 5.8 の右図 (b) に, 2-2-1 フィードフォワードニューラルネットワークで排他的論理和を実現する重みの例を示しました. こちらのネットワークで排他的論理和が実現できているかを確認をしてみましょう.

　はじめに, 一方の入力が 1, もう一方の入力信号が 0 の場合を考えます. 上側のユニットに対する入力信号の合計は 1 になります. しかしながら, 定数項の重みは −1.5 であるため, 当該ユニットへの刺激は −0.5 となり閾値 0 を超えておらず, このユニットからの出力信号の値は 0 となります. 一方で, 隠れ層の下側のユニットへの入力信号の合計値は上側のユニットと同じく 1 ですが, 当該ユニットの定数項の重みは −0.5 であるため刺激の合計は 0.5 と正の値をとるため, 出力ユニットに向けて値 1 の信号が送信されます. その結果, 出力ユニットへの入力信号の合計は 1 であり, 定数項の重みである −0.5 を考慮しても正の値を取るため, 出力ユニットからの信号の値は 1 となります. 次に, 2 つのユニットの両方に 1 の信号を入力した場合を考えましょう. 隠れ層の上側のユニットへは, 合計して値が 2 の信号が入力されます. 定数項の重み −1.5 を考慮しても刺激の合計は 0.5 と正の値を取るため, 出力ユニットに向けて値 1 の信号が送信されます. 隠れ層の下側のユニットへの入力信号の値も 2 であり, 定数項の重みが −0.5 であるため, 刺激の合計は 1.5 と正の値となります. したがって, 下側のユニットからも値が 1 の信号が送信されます. 出力ユニットへの入力信号は, 隠れ層の上側からの信号に対して重

みが −1 かかっているため，下側からの信号と合算すると，入力信号の値は 0 となってしまいます．出力ユニットの定数項の重みは −0.5 でしたので，刺激の合計が負の値となり，出力ユニットから送信される信号の値は 0 となります．

　以上のように，排他的論理和は層の数を増やし適切な重みを設定することで表現できることが分かりました．何らかの問題を扱う場合には，適切な重みを設定するという工程が大きな課題となります．この適切な重みを設定する工程に対して，実際のデータを用いた機械学習が取り入れられます．次節では，ニューラルネットワークの重みを設定する課題に対し，機械学習の手法を適用するためのもう一工夫を説明します．

5.4　活性化関数の変更

　ニューラルネットワークで複雑な問題を扱う場合では，ネットワークの層，ユニットを増やし，各ユニットからの出力信号に対する重みを適切に設定することで対応可能であることを述べました．しかしながら，ユニットを増やすことは，設定すべき重みの数が増えることを指します．

　ニューラルネットワークの学習とは，各ユニットへの出力信号にかかる重みを推定することと言えます．ネットワーク上のユニット数が多くなればなるほど，重みの数は多くなっていくため，重みの値を出来る限り効率的に推定したい欲求にかられます．

　数学において，最適な値を求めるためには，微分演算が用いられます[2]．これまでに確認してきたように，各ユニットの出力信号にかかる関数を階段関数にすると，重みに関する微分演算を行うことができません．

　そこで，活性化関数を微分演算ができる，しかも，微分演算自体が行いやすい関数に変更します．

　それでは，活性化関数を**ロジスティックシグモイド関数** (logistic sigmoid function) にしましょう．ロジスティックシグモイド関数とは，$f(x) = \dfrac{1}{1 + e^{-x}}$ という形をしています．図 5.10 の左図で示したように，定義域は $-\infty$ から ∞ になっており，値域は 0 から 1 までの狭義単調増加関数になっています．

　また，この関数の微分演算は，

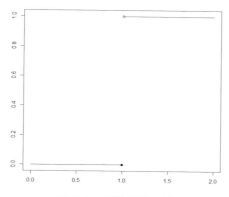

図 **5.9** 階段関数の例

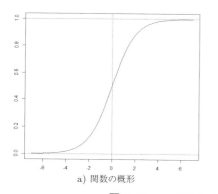
a) 関数の概形

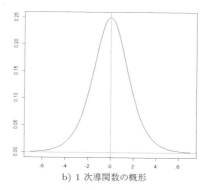
b) 1 次導関数の概形

図 **5.10** ロジスティックシグモイド関数

$$\frac{\partial f(x)}{\partial x} = \frac{e^{-x}}{\left(1 + e^{-x}\right)^2} = \frac{1}{1 + e^{-x}} \frac{e^{-x}}{1 + e^{-x}}$$

$$= \frac{1}{1 + e^{-x}} \left(1 - \frac{1}{1 + e^{-x}}\right) = f(x)\left(1 - f(x)\right)$$

となっており，1 次導関数を，自分自身で記述することが可能となっています．また，1 次導関数のグラフを図 5.10 の右図に示しました．

　値域が $f(x) \in (0, 1)$ となっているため，初期のニューラルネットワークで考えられた 0 と 1 しか出力しないユニットの考え方を拡張したとも考えられます．

　その他には，**ハイパボリックタンジェント** (hyperbolic tangent) を用いる場合もあります．ハイパボリックタンジェントとは，$f(x) = \tanh x$ のように表記し，$f(x) = \dfrac{e^x - e^{-x}}{e^x + e^{-x}}$ という形をしています．

3)
パーセプトロンでは，出力値が -1 と 1 のみが出力されます.

ハイパボリックタンジェントの形状は図 5.11 で示したように，定義域が $-\infty$ から ∞，値域は -1 から 1 までの狭義単調増加関数になっています[3].

また，この関数の微分演算は，

$$\frac{\partial f(x)}{\partial x} = \frac{\partial}{\partial x} \frac{e^x - e^{-x}}{e^x + e^{-x}} = \frac{\left(e^x - e^{-x}\right)'\left(e^x + e^{-x}\right) - \left(e^x - e^{-x}\right)\left(e^x + e^{-x}\right)'}{\left(e^x + e^{-x}\right)^2}$$

$$= \frac{\left(e^x + e^{-x}\right)\left(e^x + e^{-x}\right) - \left(e^x - e^{-x}\right)\left(e^x - e^{-x}\right)}{\left(e^x + e^{-x}\right)^2}$$

$$= 1 - \left(\frac{e^x - e^{-x}}{e^x + e^{-x}}\right)^2 = 1 - f^2(x)$$

となり，先ほどと同様に，1 次導関数を自分自身で記述することが可能となっています.

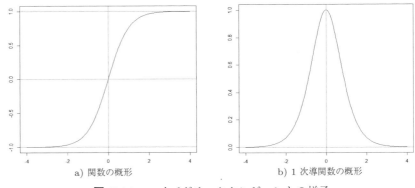

a) 関数の概形　　　　　　　　　b) 1 次導関数の概形

図 5.11　ハイパボリックタンジェントの様子

ハイパボリックタンジェントを利用する動機付けの 1 つとして，2 値分類問題を 0 と 1 ではなく，-1 と 1 のいずれかを取るものとして定義しているものに考え方を合わせることができます[4].

この節では，活性化関数として 2 種類の関数，ロジスティックシグモイド関数とハイパボリックタンジェントを紹介しました．いずれの関数も，1 次導関数が計算しやすいという特徴を持っています．これは，重みを学習するときに微分演算を利用することに通じています.

4)
サポートベクターマシンをはじめとしたいくつかの分類手法では，2 値分類問題を 0 と 1 ではなく，-1 と 1 のいずれかを取るものとして定義しています.

5.5 基本的なニューラルネットワークの導入

3層構造で，活性化関数をロジスティックシグモイドまたはハイパボリックタンジェントに指定したニューラルネットワークを基本的なニューラルネットワークとします．第1層には2つの指標のデータを入力するためのユニットをそれぞれ配置します．これを**入力層** (input layer) と呼びましょう．第2層は演算処理のためだけの層なので，学習データと教師データのいずれにも表面的には関係しないため**隠れ層** (hidden layer) と呼びます．第3層は分類結果を受け取るための層であるので**出力層** (output layer) と呼び，ユニットを1つ配置します．隠れ層のユニットの数は，これまで説明してきた排他的論理和を実現するために必要であった2に設定します．なお，本節で説明する3層構造の 2-2-1 フィードフォワードニューラルネットワークを図 5.12 に示します．

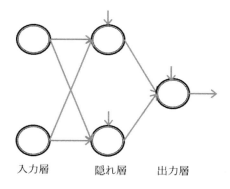

入力層　　　　隠れ層　　　出力層

図 5.12 3層構造のフィードフォワードニューラルネットワーク

以下では，入力層の2つのユニットからの出力を $\{i_1, i_2\}$，隠れ層の2つのユニットからの出力を $\{h_1, h_2\}$，出力層のユニットの出力を $\{o_1\}$ と記しましょう．

入力層の各ユニットからはデータから読み取った値がそのまま出力されます．隠れ層の j 番目のユニットに入力される信号は，入力層の2つのユニットからの出力に重みを乗じた値とそのユニットに固有の信号（定数項の値）の和として，次のようにあらわせます．

$$\sum_{k=1}^{2} w_{kj} i_k + w_{0j} = w_{1j} i_1 + w_{2j} i_2 + w_{0j}$$

したがって，隠れ層の j 番目のユニットからの出力信号 h_j は

$$h_j = f\left(\sum_{k=1}^{2} w_{kj} i_k + w_{0j}\right) \tag{5.1}$$

と表現できます．

　出力層への入力信号は，隠れ層にある 2 つのユニットからの出力信号に重みを掛け合わせて，出力ユニット固有の信号の線形結合

$$\sum_{j=1}^{2} w_{jo} h_j + w_{0o} = w_{1o} h_1 + w_{2o} h_2 + w_{0o}$$

とあらわせるので，最終的な出力信号 o_1 は，先ほどの h_j の表現を (5.1) を用いれば

$$o_1 = f\left(\sum_{j=1}^{2} w_{jo}\left(f\left(\sum_{k=1}^{2} w_{kj} i_k + w_{0j}\right)\right) + w_{0o}\right)$$

と示すことができます．

　以上のとおり，2-2-1 フィードフォワードニューラルネットワークにおいて考慮すべき重みは，2 つの隠れ層への入力信号にかかる 6 の重み

$$\begin{pmatrix} w_{01} \\ w_{11} \\ w_{21} \end{pmatrix}, \begin{pmatrix} w_{02} \\ w_{12} \\ w_{22} \end{pmatrix}$$

と，出力層への入力信号にかかる 3 の重み

$$\begin{pmatrix} w_{0o} \\ w_{1o} \\ w_{2o} \end{pmatrix}$$

を合わせた 9 の重みになります．

　ニューラルネットワークにおける学習は，入力データを入力ユニットに代入し，ニューラルネットワークを通じて出力ユニットから出力される値が教師データの値になるべく等しくなるように，重みを推定することに相当します．

　次節では，代表的な重みの推定方法について説明していきましょう．

5.6 重みの推定方法〜勾配降下法と誤差逆伝播法〜

本節では，3 層構造の 2-2-1 フィードフォワードニューラルネットワークを例にとり，ニューラルネットワークの重みを推定する方法として有名な**誤差逆伝播法**（バックプロパゲーション法, backpropagation algorithm）を説明します．

今回は，出力層のユニット数は 1 つですので，出力ユニットからの出力される値を o，教師データの値を y としましょう．ここでの目的は，o と y の差が最も小さくなるような重みを見つけることにあります．具体的には，両者の差の二乗である

$$E = \frac{1}{2}(o - y)^2$$

を最小化することを目的としましょう．

誤差逆伝播法では，目的関数である E を最小とするような重みの組合せについて，出力層に近い重みから求めます．信号の流れは，入力層から隠れ層を通じて出力層となっておりますが，重みを求める順番が出力層からとなっているため，逆伝播という名称がついてます．

ここで，1 つ課題が生じます．それは，推定すべき重みが多いということです．2-2-1 フィードフォワードニューラルネットワークという，それほど複雑ではないものであっても，推定すべき重みは 9 つあります．そのため，目的関数 E を最小とする重みの組合せを直接求めようとすると，9 つの連立方程式を解かなければなりません．そこで，重みの値を直接求めずに，それぞれの重みの値を少しずつ更新させながら，目的とする全ての重みの値を求める方針をとります．ここで，重みを更新させる値については，目的関数 E を小さくさせる方向に設定します．つまり，目的関数 E をそれぞれの重みで偏微分した値を用いて更新させます．このように目的関数を対象となる変数で偏微分した値を用いて，目的関数を最小とする変数の値を求めていく方法を**勾配降下法**(gradient descent) と呼びます．

以降では，はじめに目的関数の最小値を達成するパラメタを求める方法である勾配降下法について述べたのちに，重みを推定する手法である誤差逆伝播法について説明をしていきます．

5.6.1 勾配降下法

ある関数 $f(x)$ の最小値を達成するような変数 x を求める問題について考えましょう.

はじめは,単純な問題から始めます.次の例題を見てください.

例題 1

$f(x) = x^2 - 2x + 2$ とし,$f(x)$ の最小値を達成する x の値を求めましょう.

ここで,$f'(x) = 2x - 2$ であることから,$f(x)$ の増減表は以下のとおりです.

x	$\cdots$	1	$\cdots$
$f'(x)$	$-$	0	$+$
$f(x)$	$\searrow$	1	$\nearrow$

つまり,$x = 1$ のときに最小値 $f(1) = 1$ をとることが分かります.

繰返し学習を利用して最小値を達成する x を求める方法を確認しましょう.第 k 回目の x の値を $x[k]$ と記すと,更新式は

$$x[k+1] = x[k] - \eta f'(x[k])$$

と記述できます.ここで η を **学習率** (learning rate) と呼びましょう.

ここで,初期値を $x[0] = 0$ とおけば,

$$x[0] \longrightarrow x[1] \longrightarrow x[2] \longrightarrow \cdots \longrightarrow x[n]$$

というように,x の値を更新することができます.

それでは,初期値を 0,繰り返し数を 50 としたときの x の更新例を確認しましょう.なお,学習率は 0.1 に設定しておきます.

```
> N=50
> xx=rep(0,N)
> eta=0.1
> for(i in 2:N){
+ xx[i]=xx[i-1] - eta*(2*xx[i-1]-2)
+ }
> round(xx,4)
 [1] 0.0000 0.2000 0.3600 0.4880 0.5904 0.6723 0.7379 0.7903 0.8322 0.8658
[11] 0.8926 0.9141 0.9313 0.9450 0.9560 0.9648 0.9719 0.9775 0.9820 0.9856
[21] 0.9885 0.9908 0.9926 0.9941 0.9953 0.9962 0.9970 0.9976 0.9981 0.9985
[31] 0.9988 0.9990 0.9992 0.9994 0.9995 0.9996 0.9997 0.9997 0.9998 0.9998
[41] 0.9999 0.9999 0.9999 0.9999 0.9999 1.0000 1.0000 1.0000 1.0000 1.0000
```

最小値を取る x の値である 1 に近づいていく様子が分かります．有効数字が小数点第 4 位までの精度では 46 回目に 1.000 になったことが分かります．

　続いて，初期値を 3 とした場合を確認してみましょう．

```
> N=50
> xx=rep(3,N)
> eta=0.1
> for(i in 2:N){
+ xx[i]=xx[i-1] - eta*(2*xx[i-1]-2)
+ }
> round(xx,4)
 [1] 3.0000 2.6000 2.2800 2.0240 1.8192 1.6554 1.5243 1.4194 1.3355 1.2684
[11] 1.2147 1.1718 1.1374 1.1100 1.0880 1.0704 1.0563 1.0450 1.0360 1.0288
[21] 1.0231 1.0184 1.0148 1.0118 1.0094 1.0076 1.0060 1.0048 1.0039 1.0031
[31] 1.0025 1.0020 1.0016 1.0013 1.0010 1.0008 1.0006 1.0005 1.0004 1.0003
[41] 1.0003 1.0002 1.0002 1.0001 1.0001 1.0001 1.0001 1.0001 1.0000 1.0000
```

初期値に 3 を与えた場合には，先ほどと同様の精度では 49 回目に 1.000 に到達したことが分かります．

　つづいて，2 変数関数の場合も考えてみましょう．

─ 例題 2 ─

$f(x, y) = 2x^2 + y^2 - 2xy - 2x + 1$ の最小値を達成する x と y の値を考えましょう

なお，$f(x, y) = (x - 1)^2 + (y - x)^2$ であるので，$x = 1, y = 1$ のとき最小値 0 を取ることが分かります．

　いま，$f(x, y)$ の x，y それぞれの 1 次偏導関数は次のとおりです．

$$\frac{\partial}{\partial x} f(x, y) = 4x - 2y - 2$$
$$\frac{\partial}{\partial y} f(x, y) = 2y - 2x$$

先ほどと同じように，第 k 回目の値を $x[k]$，$y[k]$ とし，学習効率をいずれも η すると，それぞれの更新式は

$$
\begin{aligned}
x[k + 1] &= x[k] - \eta \frac{\partial}{\partial x} f\left(x[k], y[k]\right) &= 4x[k] - 2y[k] - 2 \\
y[k + 1] &= y[k] - \eta \frac{\partial}{\partial y} f\left(x[k + 1], y[k]\right) &= 2y[k] - 2x[k + 1]
\end{aligned}
$$

とあらわせます．ここでは，x を先に更新したのちに y を更新するという前提を置きました．つまり，初期値 $(x[0], y[0])$ から，第 n 回目の値 $(x[n], y[n])$ までの学習過程は次のようにあらわせます．

$$(x[0], y[0]) \longrightarrow (x[1], y[0]) \longrightarrow (x[1], y[1]) \longrightarrow (x[2], y[1])$$
$$\longrightarrow \cdots \longrightarrow (x[n], y[n-1]) \longrightarrow (x[n], y[n])$$

それでは，R を用いて，$f(x, y) = 2x^2 + y^2 - 2xy - 2x + 1$ の最小値を達成する x と y の値を求めてみましょう．初期値は x, y のいずれも 0 とし，繰り返し回数は 100 回としておきましょう．

次の入力を終えると，オブジェクト **xx**, **yy** に，学習の各ステップの値が格納されます．

```
xx=rep(0,100)
yy=rep(0,100)
eta=0.1
for(i in 2:100){
  xx[i]=xx[i-1] - eta*(4*xx[i-1]-2*yy[i-1]-2)
  yy[i]=yy[i-1] - eta*(2*yy[i-1] - 2*xx[i])
}
```

有効数字を小数点第 4 位として，各ステップでの重みの推定値を確認してみましょう．

```
> round(cbind(xx,yy),4)
          xx     yy
  [1,] 0.0000 0.0000
  [2,] 0.2000 0.0400
  [3,] 0.3280 0.0976
  [4,] 0.4163 0.1613
  [5,] 0.4821 0.2255
             :
 [90,] 0.9997 0.9995
 [91,] 0.9997 0.9996
 [92,] 0.9998 0.9996
 [93,] 0.9998 0.9997
             :
 [99,] 0.9999 0.9998
[100,] 0.9999 0.9998
```

最後に初期値と学習率 η の決め方についてさらに考察しましょう．考察のポイントを初期値と学習率の設定に絞るため，再び 1 変数の場合を考えます．

--- 例題 3 ---

$f(x) = x^4 + 4x^3 - 8x^2$ とし，$f(x)$ の最小値を達成する x の値を求めましょう．

はじめに1次導関数を求めます.

$$f(x)' = 4x^3 + 12x^2 - 16x = 4(x+4)x(x-1)$$

であるため, $f(x)$ の増減表は以下のとおりです.

x	$\cdots$	-4	$\cdots$	0	$\cdots$	1	$\cdots$
$f'(x)$	$-$	0	$+$	0	$-$	0	$+$
$f(x)$	$\searrow$	-128	$\nearrow$	0	$\searrow$	-3	$\nearrow$

つまり, $x = -4$ のときに最小値 $f(-4) = -128$ をとることが分かります. ここで, $x = 1$ のときに極小値 $f(1) = -3$ をとる点に注意しておきましょう.

この関数の概形は図5.13に記しました.

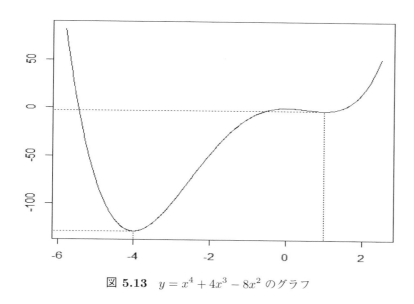

図 5.13 $y = x^4 + 4x^3 - 8x^2$ のグラフ

繰返し学習を利用して最小値を達成する x を求める場合の更新式は

$$x[k+1] = x[k] - \eta f'(x[k])$$

と記述できました.

これまでの例では, 初期値と学習率 η の選択について特に気にせずに設定しても, 最小値が得られました. 今回は, うまく設定しないと最小値ではなく極小値を達成する x で学習がストップしてしまいます.

表 5.4 にはいくつかの初期値と学習率の組合せで 100 回学習を繰返したときに，どの値に行き着くかをまとめています．

表 **5.4** 初期値と学習率の設定と得られる x

初期値:$x[0]$	学習率:η	学習結果:$x[100]$
4	0.01	1.000
5	0.01	−4.000
0.1	0.01	1.000
−0.1	0.01	−4.000
−8	0.01	1.000
−8	0.001	−4.000

1 行目は，初期値を 4，学習率を 0.01 に設定したときに 100 回学習を繰り返した場合の値が 1.000 であることを示しています．図 5.13 で明らかなように，$x = 1$ は最小値ではなく極小値を達成しており，求めたい解ではありません．いま，学習率を 0.01 で固定しても，初期値が 4，0.1 または −8 のときには極小値を達成する 1.000 が得られるのみであり，初期値が 5，−0.1 のときに最小値を達成する −4.000 が得られています．なお，初期値を同じ −8 に設定していても学習率が 0.01 のときには極小値を達成する 1.000，学習率を 0.001 に設定すると最小値を達成する −4.000 が得られます．

このように単純な 1 変数関数であっても，初期値や学習率の設定によっては望ましい結果が得られません．

以下には，参考のためにそれぞれの初期値，学習率の場合の学習の様子を記しておきます．

1. 初期値を 4，学習率を 0.01 とした場合

```
> N=100
> xx=rep(4,N)
> eta=0.01
> for(i in 2:N){ xx[i]=xx[i-1] - eta*(4*xx[i-1]^3 + 12*xx[i-1]^2-16*xx[i-1]) }
> round(xx,4)
  [1] 4.0000 0.1600 0.1824 0.2073 0.2350 0.2654 0.2987 0.3347 0.3733 0.4142
 [11] 0.4571 0.5013 0.5463 0.5914 0.6358 0.6787 0.7195 0.7576 0.7926 0.8241
 [21] 0.8521 0.8765 0.8976 0.9156 0.9308 0.9435 0.9541 0.9627 0.9699 0.9757
 [31] 0.9804 0.9842 0.9873 0.9898 0.9918 0.9934 0.9947 0.9958 0.9966 0.9973
 [41] 0.9978 0.9983 0.9986 0.9989 0.9991 0.9993 0.9994 0.9995 0.9996 0.9997
 [51] 0.9998 0.9998 0.9999 0.9999 0.9999 0.9999 0.9999 1.0000 1.0000 1.0000
                                    :
                                    :
 [91] 1.0000 1.0000 1.0000 1.0000 1.0000 1.0000 1.0000 1.0000 1.0000 1.0000
```

2. 初期値を 5, 学習率を 0.01 とした場合

```
> N=100
> xx=rep(5,N)
> eta=0.01
> for(i in 2:N){ xx[i]=xx[i-1] - eta*(4*xx[i-1]^3 + 12*xx[i-1]^2-16*xx[i-1])  }
> round(xx,4)
  [1]  5.0000 -2.2000 -2.7069 -3.2259 -3.6480 -3.8867 -3.9728 -3.9943 -3.9988
 [10] -3.9998 -4.0000 -4.0000 -4.0000 -4.0000 -4.0000 -4.0000 -4.0000 -4.0000
             :
             :
[100] -4.0000
```

3. 初期値を 0.1, 学習率を 0.01 とした場合

```
> N=100
> xx=rep(0.1,N)
> eta=0.01
> for(i in 2:N){ xx[i]=xx[i-1] - eta*(4*xx[i-1]^3 + 12*xx[i-1]^2-16*xx[i-1])  }
> round(xx,4)
  [1] 0.1000 0.1148 0.1315 0.1504 0.1716 0.1953 0.2216 0.2508 0.2827 0.3175
 [11] 0.3549 0.3948 0.4368 0.4804 0.5252 0.5703 0.6151 0.6588 0.7007 0.7401
 [21] 0.7766 0.8097 0.8394 0.8655 0.8881 0.9076 0.9240 0.9379 0.9494 0.9589
 [31] 0.9667 0.9731 0.9783 0.9825 0.9860 0.9887 0.9909 0.9927 0.9942 0.9953
 [41] 0.9963 0.9970 0.9976 0.9981 0.9985 0.9988 0.9990 0.9992 0.9994 0.9995
 [51] 0.9996 0.9997 0.9997 0.9998 0.9998 0.9999 0.9999 0.9999 0.9999 0.9999
 [61] 1.0000 1.0000 1.0000 1.0000 1.0000 1.0000 1.0000 1.0000 1.0000 1.0000
                                     :
                                     :
[91] 1.0000 1.0000 1.0000 1.0000 1.0000 1.0000 1.0000 1.0000 1.0000 1.0000
```

4. 初期値を −0.1, 学習率を 0.01 とした場合

```
> N=100
> xx=rep(-0.1,N)
> eta=0.01
> for(i in 2:N){ xx[i]=xx[i-1] - eta*(4*xx[i-1]^3 + 12*xx[i-1]^2-16*xx[i-1])  }
> round(xx,4)
  [1] -0.1000 -0.1172 -0.1375 -0.1617 -0.1905 -0.2250 -0.2667 -0.3171 -0.3786
 [10] -0.4542 -0.5479 -0.6651 -0.8128 -1.0006 -1.2408 -1.5476 -1.9344 -2.4034
 [19] -2.9258 -3.4193 -3.7703 -3.9356 -3.9856 -3.9971 -3.9994 -3.9999 -4.0000
             :
             :
[100] -4.0000
```

5. 初期値を −8, 学習率を 0.01 とした場合

```
> N=100
> xx=rep(-8,N)
> eta=0.01
> for(i in 2:N){ xx[i]=xx[i-1] - eta*(4*xx[i-1]^3 + 12*xx[i-1]^2-16*xx[i-1])  }
> round(xx,4)
  [1] -8.0000  3.5200  0.8518  0.8763  0.8974  0.9155  0.9307  0.9434  0.9540
 [10]  0.9627  0.9698  0.9756  0.9804  0.9842  0.9873  0.9898  0.9918  0.9934
 [19]  0.9947  0.9958  0.9966  0.9973  0.9978  0.9983  0.9986  0.9989  0.9991
 [28]  0.9993  0.9994  0.9995  0.9996  0.9997  0.9998  0.9998  0.9999  0.9999
 [37]  0.9999  0.9999  0.9999  1.0000  1.0000  1.0000  1.0000  1.0000  1.0000
              :
              :
[100]  1.0000
```

6. 初期値を -8，学習率を 0.001 とした場合

```
> N=100
> xx=rep(-8,N)
> eta=0.001
> for(i in 2:N){ xx[i]=xx[i-1] - eta*(4*xx[i-1]^3 + 12*xx[i-1]^2-16*xx[i-1])  }
> round(xx,4)
  [1] -8.0000 -6.8480 -6.2358 -5.8322 -5.5402 -5.3170 -5.1400 -4.9961 -4.8768
 [10] -4.7762 -4.6906 -4.6169 -4.5529 -4.4970 -4.4478 -4.4044 -4.3659 -4.3316
 [19] -4.3010 -4.2735 -4.2489 -4.2267 -4.2066 -4.1885 -4.1722 -4.1573 -4.1438
 [28] -4.1315 -4.1204 -4.1102 -4.1010 -4.0925 -4.0848 -4.0778 -4.0713 -4.0654
 [37] -4.0600 -4.0551 -4.0506 -4.0464 -4.0427 -4.0392 -4.0360 -4.0331 -4.0304
 [46] -4.0279 -4.0257 -4.0236 -4.0217 -4.0199 -4.0183 -4.0168 -4.0155 -4.0142
 [55] -4.0131 -4.0120 -4.0111 -4.0102 -4.0094 -4.0086 -4.0079 -4.0073 -4.0067
 [64] -4.0062 -4.0057 -4.0052 -4.0048 -4.0044 -4.0041 -4.0037 -4.0034 -4.0032
 [73] -4.0029 -4.0027 -4.0025 -4.0023 -4.0021 -4.0019 -4.0018 -4.0016 -4.0015
 [82] -4.0014 -4.0013 -4.0012 -4.0011 -4.0010 -4.0009 -4.0008 -4.0008 -4.0007
 [91] -4.0006 -4.0006 -4.0005 -4.0005 -4.0005 -4.0004 -4.0004 -4.0004 -4.0003
[100] -4.0003
```

5.6.2　誤差逆伝播法

　前節より，目的関数である E の最小値を達成するような重みを求めるために勾配降下法を用いるならば，E をそれぞれの重みで偏微分した勾配を求めれておけばよいことが分かりました．つまり，ある重み w_{ij} の値を更新する式は，学習率を η と置けば，

$$w_{ij} - \eta\frac{\partial E}{\partial w_{ij}} \tag{5.2}$$

と示すことができます．したがって，本節の目標は，それぞれの重みについて $\dfrac{\partial E}{\partial w_{ij}}$ を求めることに定まります．なお，本節では 2-2-1 フィードフォワー

ドニューラルネットワークに焦点を絞りますので，出力層にある出力ユニットに掛かる3つの重みと隠れ層にある2つのユニットに掛かる6つの重みの合計9つの重みそれぞれで，E を偏微分した勾配を求めることが必要となります．

　それでは，はじめに出力層にある出力ユニットに対して送信される信号に掛かる重み w_{jo}, $(j = 0, 1, 2)$ について考えましょう．いま，ある重み w_{jo} に注目し，その重みの変動が目的関数である E の変動に与える影響について偏微分を用いてあらわすと，次のように計算することができます．

$$\frac{\partial E}{\partial w_{jo}} = \frac{\partial E}{\partial o}\frac{\partial o}{\partial w_{jo}} \tag{5.3}$$

(5.3) の右辺は2つの偏微分の積になっています．ここで，前半部は出力信号 o の変動が目的関数 E の変動に与える影響を，後半部は出力ユニットに入力される信号に掛かる重み w_{jo} の変動が出力信号の変動に与える影響をそれぞれあらわしています．

　いま，前半部の偏微分は次のように計算できます．

$$\frac{\partial E}{\partial o} = \frac{\partial}{\partial o}\frac{1}{2}(o - y)^2 = (o - y) \tag{5.4}$$

(5.4) の右辺に注目すると，出力信号 o の変動が目的関数 E の変動に与える影響は，出力信号と教師データの差に等しいことが分かります．

　続いて，後半部を考えましょう．いま，出力ユニットからの出力信号 o は，隠れ層の j 番目のユニットからの出力信号を h_j，活性化関数を $f(\cdot)$ であらわすと，次のように記すことができます．

$$o = f\left(\sum_{j=1}^{2} w_{jo}h_j + w_{0o}\right)$$

　いま，出力関数をロジスティックシグモイド関数 $f(x) = \dfrac{1}{1 + e^{-x}}$ とおけば，その1次導関数は

$$\begin{aligned}
\frac{\partial f}{\partial x} &= \frac{e^x}{(1 + e^{-x})^2} = \frac{1}{1 + e^{-x}}\frac{e^{-x}}{1 + e^{-x}} \\
&= \frac{1}{1 + e^{-x}}\left(1 - \frac{1}{1 + e^{-x}}\right) = f(x)(1 - f(x))
\end{aligned}$$

であるため，(5.3) の右辺の後半部は

$$\frac{\partial o}{\partial w_{jo}} = \frac{\partial}{\partial w_{jo}} f\left(\sum_{j=1}^{2} w_{jo} h_j + w_{0o}\right)$$

$$= h_j f\left(\sum_{j=1}^{2} w_{jo} h_j + w_{0o}\right)\left(1 - f\left(\sum_{j=1}^{2} w_{jo} h_j + w_{0o}\right)\right)$$

$$= h_j o(1 - o) \tag{5.5}$$

と計算できます．つまり，注目していた隠れ層のユニットからの出力信号 h_j に，ロジスティックシグモイド関数の 1 次導関数から導かれる出力信号の積 $o(1-o)$ を掛け合わせた形として得られます．

以上のとおり，(5.4) と (5.5) より，隠れ層から出力層に向かう重み w_{jo} の勾配 (5.3) は，

$$\frac{\partial E}{\partial w_{jo}} = (o - y)\, h_j o\,(1 - o) \tag{5.6}$$

と計算できます．また，定数項の重み w_{0o} については，

$$\frac{\partial E}{\partial w_{0o}} = (o - y)\, o\,(1 - o) \tag{5.7}$$

と計算できます．

したがって，(5.6) と (5.7) を重みの更新式 (5.2) に順次適用することで，誤差関数 E の値を小さくさせるように，それぞれの重み w_{jo}, $(j = 0, 1, 2)$ を更新することができます．イメージとしては，図 5.14 の (1) から (3) までのとおり，出力ユニットへの入力信号にかかる重みを 1 つひとつ学習させていきます．

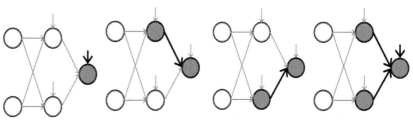

(1) 定数項の重み　(2) 隠れ層のユニットからの信号への重み 1　(3) 隠れ層のユニットからの信号への重み 2　(4) すべての重みが決まった状態

図 5.14 誤差逆伝播法の第 1 段階．出力ユニットへの入力信号に対する重みの決定：出力ユニットに流れ込む信号にかかる重みを 1 つずつ決める ((1), (2), (3))．出力ユニットにつながる部分の重みがすべて決まった状態 (4)

　1 つひとつの重みを更新（(1) から (3) まで）すると，定数項も含めて出力ユニットに入力される信号に掛かる重みがすべて更新された状態 (4) になります．

　次に，入力層の第 k ユニットからから隠れ層の第 j ユニットへの信号に加わる重み w_{kj} の更新について考えましょう．目的関数は先ほどと変わらず誤差関数 E です．したがって，w_{kj} の更新については次のように記述できます．

$$\frac{\partial E}{\partial w_{kj}} = \frac{\partial E}{\partial o}\frac{\partial o}{\partial h_j}\frac{\partial h_j}{\partial w_{kj}} = (o - y)\frac{\partial o}{\partial h_j}\frac{\partial h_j}{\partial w_{kj}} \tag{5.8}$$

ここで，第 1 番目の偏微分については (5.4) を用いて書き換えました．さて，第 2 番目の偏微分についてはロジスティックシグモイド関数の微分を用いれば，

$$\frac{\partial o}{\partial h_j} = \frac{\partial}{\partial h_j}f\left(\sum_{j=1}^{4} w_{jo}h_j + w_{0o}\right) = w_{jo}o\left(1 - o\right)$$

と計算できます．続いて第 3 番目の偏微分について考えましょう．隠れ層の出力信号である h_j は，

$$h_j = f\left(\sum_{k=1}^{2} w_{kj}i_k + w_{0j}\right)$$

であることを思い返せば，

$$\frac{\partial h_j}{\partial w_{kj}} = \frac{\partial}{\partial w_{kj}}f\left(\sum_{k=1}^{2} w_{kj}i_k + w_{0j}\right) = i_k h_j\left(1 - h_j\right) \tag{5.9}$$

と計算できます．以上をまとめれば，w_{kj} の更新については，

$$\frac{\partial E}{\partial w_{kj}} = (o - y)w_{jo}o\left(1 - o\right)i_k h_j\left(1 - h_j\right) \tag{5.10}$$

を利用すればよいことが分かります．

　重みの更新方法手順としては，(5.6) を利用して隠れ層の第 j ユニットから出力層のユニットへの入力信号にかかる重み w_{jo} を更新したのちに，(5.10) を利用して入力層の第 k ユニットから隠れ層の第 j ユニットへの入力信号にかかる重み w_{kj} を更新することになります．このように，出力層に近い重みから更新させていくため，逆伝播という言葉が用いられています．

　実際に重みを推定する際には，次のような手順となります．

1.　重みに適当な初期値を割り振る．

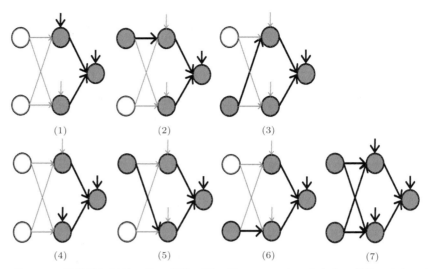

図 5.15 誤差逆伝播法の第 2 段階．隠れ層のユニットへ入力する信号にかかる重み
の決定：誤差逆伝播法の第 1 段階を終えているため，出力ユニットに流れ
込む信号にかかる重みはすべて決定しています．そこで，隠れ層のそれぞ
れのユニットに流れ込む信号にかかる重みを 1 つずつ決めていき (1)〜(6)，
すべての重みが決定されます (7)．

2. 入力層にデータを投入し，出力ユニットから出力値を得る．
3. 教師データと突き合わせて誤差関数を作成する．
4. 誤差関数をもとに，誤差逆伝播法を用いて重みを更新する．
5. 2. に戻る．

　ここでは 2-2-1 フィードフォワードニューラルネットワークを例にとり，重
みの推定手順の概略を説明しましょう．推定対象の重みの数は 9 です．いま，
第 m 回目の試行における重みの値を次のように記します．

$$w_{01}[m], \ w_{11}[m], \ w_{21}[m], \ w_{02}[m], \ w_{12}[m], \ w_{22}[m], \ w_{0o}[m], \ w_{1o}[m], \ w_{2o}[m]$$

各種信号についても同様に記しましょう．入力信号は重みの値には関係なく，
トレーニングデータの値に固定されているので，今回は隠れ層のユニットか
らの信号と出力信号が対象となります．つまり，

$$h_1[m], \ h_2[m], \ o[m]$$

と記述します．
　はじめに初期値，

$$w_{01}[1],\ w_{11}[1],\ w_{21}[1],\ w_{02}[1],\ w_{12}[1],\ w_{22}[1],\ w_{0o}[1],\ w_{1o}[1],\ w_{2o}[1]$$

と，それぞれの値を定めておき，入力信号 $\{i_1, i_2\}$ をもとに，それぞれの信号の値を計算します．そして，隠れ層のユニットからの信号，$\{h_1[1], h_2[1]\}$ を求めます．活性化関数を $f(\cdot)$ とすれば，

$$
\begin{aligned}
h_1[1] &= f\left(w_{01}[1] + w_{11}[1]i_1 + w_{21}[1]i_2\right),\\
h_2[1] &= f\left(w_{02}[1] + w_{12}[1]i_1 + w_{22}[1]i_2\right)
\end{aligned}
$$

と計算できます．続いて，出力信号 $o[1]$ は，

$$o[1] = f\left(w_{0o}[1] + w_{1o}[1]h_1 + w_{2o}[1]h_2\right),$$

が得られます．

次に，教師データとの差を示す誤差関数を計算します．誤差関数も重みの値によって変化しますので m 回目の試行における誤差関数を $E[m]$ と記しましょう．第 1 回目の試行では，

$$E[1] = \frac{1}{2}\left(o[1] - y\right)^2$$

が得られます．学習率 η を適切に設定したうえで，重みの更新式

$$w_{ij}[2] \leftarrow w_{ij}[1] - \eta\frac{\partial E[1]}{\partial w_{ij}[1]}$$

を用いて，第 2 回目の試行に向けて 9 つすべての重みの値を更新します．

以降は，重みの値が十分に更新されるまで上記の手順を繰り返すことで，重みを推定できます．人間の手で行うと非常に手間がかかりますが，1 つひとつの演算は単純であるため，計算機の発達とともにニューラルネットワークの利用が進んできました．現在は，統計解析ソフトウェア R を用いれば，ニューラルネットワークを簡単に利用することができます．

5.7　R によるニューラルネットワークの利用

　R でニューラルネットワークを扱うためにはパッケージ nnet を利用します．このパッケージでは，隠れ層が 1 層のモデルを扱うことができます．パッケージを読み込むためには，次のように入力しましょう．

```
> library(nnet)
```

　これで，ニューラルネットワークを実行するための関数 nnet を利用する準備ができました．なお，関数 nnet の利用法は，次のとおりです．

```
> nnet(モデル式, data=扱うオブジェクト, size=隠れ層のユニット数, maxit=
最大の繰り返し演算数)
```

モデル式の記述方法は，これまでに利用してきたロジスティック回帰モデル glm，と同じです．ただし，2 値の分類問題を扱う場合には，被説明変数を因子変量にしておく必要があります．また，重みの決定に際しては，繰り返し演算を行います．そこで，重みを決定するまでに最大で何回まで繰り返すかを決める引数 maxit に最大数を指定します．もしも，maxit に値を与えずに省略した場合には最大繰り返し数は 100 がセットされます．それでは，ニューラルネットワークによる分析を行ってみましょう．

　はじめに，問題の設定を行います．今回は，次のようなオブジェクト a を用意しました．

```
> a
  A B C
1 1 1 0
2 0 1 1
3 1 0 1
4 0 0 0
```

第 1 列目と第 2 列目が入力値を示しており，第 3 列目が排他的論理和 XOR の出力値を示しております．つまり，第 1 行目に注目すれば，2 つの入力値がいずれも 1 である場合に，出力値は 0 であることを示しています．オブジェクト a を用いて，関数 nnet を確認してきましょう．

　R におけるニューラルネットワークを実行する関数 nnet は乱数を用いて学習を進めているため，nnet を実行させるたびに結果が異なる場合があります．分析を行う立場からは，同じ状況下で繰り返し実験を行う必要があります．そこで，R では乱数を発生させる種を指定する関数 set.seed が用意されています．R における乱数は，種の値を基準として数をランダムに発生させるので，種が同じであればいつでも同じ乱数の組を得られることになります．同じ結果を得たい場合には，乱数を使う関数，ここでは nnet を入力する直前に乱数の種を同じ値に指定する必要があります．今回は，set.seed(100)

と設定しておきましょう.

```
> set.seed(100)
> result=nnet(as.factor(C)~.,data=a,size=2)
# weights:  9
initial   value 2.847054
iter  10 value 2.772423
iter  20 value 2.726909
iter  30 value 0.100432
iter  40 value 0.000365
final   value 0.000095
converged
```

繰返し試行数が40で計算が収束しました. それでは, あてはめた結果の詳細
を確認してみましょう. 今回の学習によって推定された重みは, ニューラル
ネットワークによる分析結果を収めたオブジェクトである `result.nnet` に
対して関数 summary を適用すると確認できます.

```
> summary(result)
a 2-2-1 network with 9 weights
options were - entropy fitting
  b->h1  i1->h1  i2->h1
   0.65 -138.50  -71.92
  b->h2  i1->h2  i2->h2
  14.29  -14.24  -11.40
   b->o   h1->o   h2->o
 -11.77 -126.68   41.21
```

今回採用した 2-2-1 フィードフォワードニューラルネットワークでは合計 9
の重みがあり, すべての推定値が得られました. 隠れ層にある 2 つのユニッ
ト h1 と h2 に注目すると, h1 からの出力値には −126.68 と負の大きな重み,
h2 からの出力値には 41.21 と正の大きな重みが掛かっています. これは, 図
5.8 の b に示したネットワーク構成に近いものであると考えられます.
　それでは, ニューラルネットワークによる分析結果を用いた予測値を確認
してみましょう. つまり, 推定した重みを用いて構成したニューラルネット
ワークに対して, 4 種類の入力データをそれぞれ入力した際に, 排他的論理和
と同じ出力値が得られるかどうかを確認します. ただし, 関数 nnet で 2 値
の分類問題を解いた場合には, 予測値はいずれかのグループに属する確率値
として得られます. つまり, 今回の問題では出力値が 1 であるという確率値

が得られることになります．予測値を得るためには，分析結果を格納したオブジェクト result.nnet に対して関数 predict を適用します．

```
> predict(result)
          [,1]
1 7.746688e-06
2 1.000000e+00
3 9.999123e-01
4 0.000000e+00
```

第 1 行目の値 7.746688e-06 は，7.746688×10^{-6} を示しており，出力値が 1 である確率は 0.0007746688％であることを示しています．このままでは判断しずらいため，出力結果を加工しましょう．いま，出力値が 1 である確率が 50％以上あった場合に 1 であると仮定すると，小数点第 1 位を四捨五入すればよいことになります．そこで，四捨五入を実行する関数 round を利用すれば，予測値は次のように変換できます．

```
> round(predict(result))
  [,1]
1    0
2    1
3    1
4    0
```

オブジェクト a の第 3 列目と比較すれば，4 組の入力データに対する出力値が排他的論理和の出力値に等しいことが分かります．つまり，今回はすべての入力値に対し，正しい分類ができたことが分かりました．

5.8　分類問題とニューラルネットワーク

本節では，機械学習が適用される問題のなかでも，最も利用されやすい 2 値分類問題へのニューラルネットワークの適用について述べます．特に第 3 章で紹介したロジスティック回帰モデルとの比較について説明していきましょう．

5.8.1　ロジスティック回帰との比較

第 3 章では，ロジスティック回帰モデルを用いて，2 値分類問題を解きまし

た．ニューラルネットワークでも，活性化関数をロジスティックシグモイドに
設定することで，ロジスティック回帰モデルと似た解析を行うことができます．

　いま，$f(x)$ をロジスティックシグモイド関数であるとします．つまり，$f(x) = \{1 + \exp(-x)\}^{-1}$ とし，被説明変量を y_i，説明変量を $\{x_{i1}, x_{i2}, \ldots, x_{in}\}$ と
おくと，ロジスティック回帰モデルは

$$y_i = f(\beta_0 + \beta_1 x_{i1} + \cdots + \beta_n x_{in}) \tag{5.11}$$

と記述できました．このとき，ロジスティック回帰モデル (5.11) は，活性化
関数をロジスティックシグモイドに設定し，隠れ層を持たない 2 層構造の n–1
フィードフォワードニューラルネットワークに対応します．具体的には，n 個
の入力ユニットからの信号 $\{x_1, x_2, \ldots, x_n\}$ に定数項の重みに対する入力 1 に
対する重み $\{w_0, w_1, \ldots, w_n\}$ を (5.11) の右辺の回帰係数 $\{\beta_0, \beta_1, \ldots, \beta_n\}$ に
対応させれば，出力ユニットへの入力信号は

$$\beta_0 + \sum_{i=1}^{n} \beta_i x_i$$

と表現できるので，出力ユニットからの出力信号は活性化関数を掛ければ

$$f\left(\beta_0 + \sum_{i=1}^{n} \beta_i x_i\right)$$

となります（対応イメージは図 5.16 を参照してください）．

　5.3 節で述べたように，3 層構造のフィードフォワードニューラルネットワー
クは，2 層構造のものでは解くことができない複雑な問題，例えば線形分離
ができないような問題を，隠れ層の働きによって解くことができる可能性を
有しています．

　次項では具体的な分類問題を用いて，ロジスティック回帰モデルと 3 層構
造のニューラルネットワークの特性を確認していきましょう．

5.8.2　分析例

　はじめに，ここで用いるサンプルデータについて述べましょう．データの
真の構造は論理和 OR を考えます．つまり 2 つの入力 a も b も 0 か 1 のいず
れかをとり，出力 z は表 5.5 のような対応関係を仮定します．

　今回は，完全に分類できる例ではなく，分類が難しい場合を考えましょう．

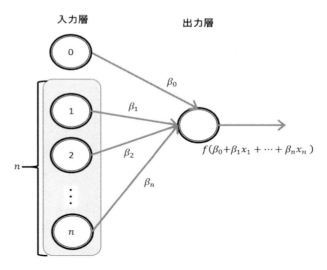

図 5.16 ニューラルネットワークによるロジスティック回帰モデル

表 5.5 入力値 a, b と出力値 z の関係

a	b	z
1	1	1
0	1	1
1	0	1
0	0	0

つまり，入力値 x と y に雑音が混入すると仮定します.

$$\begin{cases} x_i = a + v_i \\ y_i = b + w_i \end{cases}$$

ただし，今回は $v_i, w_i \sim N\left(0, \sigma^2\right)$ (i.i.d.)[5] としておきましょう.具体的には，以下のようにトレーニングデータを作成します.

5)
independent and iden-
tically distributed の略.
独立同分布という意味で
す.

```
> INPUT=cbind(c(rep(0,25),rep(1,25),rep(0,25),rep(1,25)), c(rep(0,50),rep(1,50)))
> set.seed(100)
> vt=rnorm(200)*0.4
> INPUT=as.data.frame(INPUT)
> names(INPUT)=c("X.i","Y.i")
> INPUT$X.i=INPUT$X.i+vt[1:100]
> INPUT$Y.i=INPUT$Y.i+vt[101:200]
```

また，教師データは次のように作成します.

を導入します．交互作用は 2 つの説明変量の相乗効果とも考えられ，通常は 2 つの説明変量の積で定義されます．R では，交互作用を示す記号として：（コロン）が用いられます．今回用いている 2 つのオブジェクト X.i と Y.i の交互作用は X.i:Y.i と記します．

　それでは，交互作用を含めたロジスティック回帰モデルを用いて，再び排他的論理和を考えてみましょう．教師データは Z2.i のまま，X.i と Y.i に加えて交互作用を含めたロジスティック回帰モデルを当てはめた結果をオブジェクト result.glm3 に格納します．

```
> result.glm3=glm(Z2.i~X.i+Y.i+X.i:Y.i, family=binomial,data=INPUT)
```

　なお，上に示した R におけるモデル式の指定では，~の右辺を X.i*Y.i または (X.i+Y.i)^2 と指定しても同じ意味になります．

　それでは，交互作用を考慮したロジスティック回帰モデルを当てはめた結果を確認しましょう．

```
> summary(result.glm3)

Call:
glm(formula = Z2.i ~ X.i + Y.i + X.i:Y.i, family = binomial,
    data = INPUT)

Deviance Residuals:
     Min       1Q   Median       3Q      Max
-2.58816  -0.51076  -0.00948  0.47323  2.81921

Coefficients:
            Estimate Std. Error z value Pr(>|z|)
(Intercept)  -2.4531     0.7523  -3.261  0.00111 **
X.i           5.0869     1.2105   4.202 2.64e-05 ***
Y.i           4.1539     1.0549   3.938 8.23e-05 ***
X.i:Y.i      -8.9855     1.8129  -4.957 7.18e-07 ***
---
Signif. codes:  0 '***' 0.001 '**' 0.01 '*' 0.05 '.' 0.1 ' ' 1

(Dispersion parameter for binomial family taken to be 1)

    Null deviance: 138.629  on 99  degrees of freedom
Residual deviance:  69.376  on 96  degrees of freedom
AIC: 77.376

Number of Fisher Scoring iterations: 6
```

出力のうち Coefficients: に注目すると，2 つの入力値である X.i と Y.i

に掛かる係数は正の値ですが，交互作用項 X.i:Y.i に掛かる係数は負の値になっています．また，定数項を示す (Intercept) も含めた，全 4 つの係数のいずれも，「係数の値が 0 である」という帰無仮説による統計的仮説検定において，有意水準 1% とした場合に帰無仮説を棄却できるので，有意な係数であると判断できます．排他的論理和では，2 つの入力値が 1 であるときに，出力が 0 になるため，入力値の積に対して負の重みを与えることで出力値の調整を試みていることが分かります．

なお，定義関数を利用して排他的論理和を実現する数式の 1 つとして，

$$I\left(x_i + y_i - 2.5x_iy_i\right) \tag{5.12}$$

が挙げられます．交互作用を含めたロジスティック回帰モデルの当てはめ結果は式 (5.12) と比較しても整合的であると考えられます．

それでは，交互作用を含めたロジスティック回帰モデルの当てはめ結果である result.glm3 を用いた分類精度を確認しましょう．これまでと同様に，関数 fitted を用いれば，グループ 1 に属する確率値が得られますので，50% 以上の確率をもつ個体がグループ 1 に分類されると仮定します．教師データ Z2.i とのクロス表は次のとおりです．

```
> table(round(fitted(result.glm3)),Z2.i)
   Z2.i
     0  1
  0 46  8
  1  4 42
```

本来であれば，グループ 0 に含まれる数 50 のうち，誤ってグループ 1 に分類した数は 4 にとどまっており，他方，本来グループ 1 に含まれる数 50 のうち，誤ってグループ 0 に分類される数は 8 となっています．総数 100 のうち，誤って分類した数は 12 です．交互作用を考慮しなかった場合は誤って分類した数が 51 であったことと比べると，分類精度が飛躍的に向上したと考えられます．ただし，ニューラルネットワークを利用した場合にはすべての個体を正しく分類できていたことと比べると，分類精度という点では見劣りしているとも考えられます．しかしながら，交互作用を考慮したロジスティック回帰モデルを当てはめた結果を解釈すると排他的論理和は，2 つの入力値の和から積を引くことで実現できるという構造が分かりました．ニューラルネットワークの分類結果からは，入力値がどのように処理されているかが明らかになっておらず，いわゆるブラックボックス化されていることとは対照的な

ものとなっています.

　ここまでは, トレーニングデータを用いて学習し, トレーニングデータが正しく分類できたか否かの確認をしてきました. つまり, 与えられたトレーニングデータのみで予測精度を論じていました. この行為を**インサンプルデータ**の予測と呼びます. しかしながら, 実際に分類問題を扱う場合には, トレーニングデータで学習をしたのちに, 未知のデータに対して分類を試みる場合も考えられます. インサンプルデータの予測と区別して**アウトサンプルデータ**の予測と呼びます.

　それでは, アウトサンプルデータを用意しましょう. 今回はデータの構造はトレーニングデータ INPUT と同じものを考えましょう. つまり, 混入する雑音だけが異なるデータを作成します. アウトサンプルデータをオブジェクト OUT として, 以下のように定義します. 混入させる雑音は, 乱数の種を異なるものに設定します. 今回は, set.seed(1) で設定しておきます.

```
> OUT=cbind(c(rep(0,25),rep(1,25),rep(0,25),rep(1,25)), c(rep(0,50),rep(1,50)))
> set.seed(1)
> vt=rnorm(200)*0.4
> OUT[,1]=OUT[,1]+vt[1:100]
> OUT[,2]=OUT[,2]+vt[101:200]
> OUT=as.data.frame(OUT)
> names(OUT)=c("X.i","Y.i")
```

教師データは変わらず, Z2.i を利用します. つまり, 今回のアウトサンプルデータの予測は, 排他的論理和に関する分類について, あらかじめトレーニングデータ INPUT で学習した結果を用いて新たなアウトサンプルデータ OUT が正しく分類されるか否かを検証することに相当します.

　それでは, アウトサンプルデータの予測を試してみましょう. R でアウトサンプルデータの予測を行う場合にも関数 predict を利用します. これまでは, 分析結果が格納されたオブジェクトのみを指定していましたが, 引数 newdata にアウトサンプルデータのオブジェクトを指定します.

　はじめに, ニューラルネットワークでの学習結果を用いて, アウトサンプルデータの予測を行いましょう. 関数 predict に, 学習結果を格納したオブジェクト result.nnet と, アウトサンプルデータのオブジェクト OUT を与えると, インサンプルデータの予測の時と同様に, その個体がグループ1に属する確率値が得られます.

```
> predict(result.nnet, newdata=OUT)
            [,1]
1    0.000000e+00
2    0.000000e+00
3    0.000000e+00
          :
          :
97   1.000000e+00
98   0.000000e+00
99   0.000000e+00
100  0.000000e+00
```

これまでと同様に，50%以上の確率をもつ個体をグループ1に分類すると仮定し，教師データ Z2.i とのクロス表を作成しましょう．

```
> table(round(predict(result.nnet, newdata=OUT)),Z2.i)
   Z2.i
    0  1
  0 40 12
  1 10 38
```

本来はグループ0に属する個体数50のうち，誤ってグループ1に分類した数が10，一方で本来はグループ1に属する個体数50のうち，誤ってグループ0に分類した数は12ですので，誤って分類してしまった総数は22になります．インサンプルデータの予測では，すべてを正しく分類できていましたが，アウトサンプルデータの予測では，誤って分類した個体の総数は22になります．このように，アウトサンプルデータの予測精度がインサンプルデータの予測精度よりも著しく悪くなった原因として，インサンプルデータによる学習時に，アウトサンプルデータとの共通の構造だけでなくインサンプルデータ固有の構造についても過剰に学習（過学習）してしまったことが考えられます．

つづいて，ロジスティック回帰モデルでの学習結果を用いた，アウトサンプルデータの予測を確認しましょう．これまで，学習結果を用いた予測値を算出するために関数 fitted を利用してきましたが，残念ながら fitted には，アウトサンプルデータの予測値を計算する機能がありません．そこで，ニューラルネットワークによる学習と同様に，関数 predict を利用することになります．

関数 predict に，ロジスティック回帰モデルの学習結果を格納したオブジェクト result.glm3 と引数 newdata にアウトサンプルデータの OUT を適用す

ると次の値が得られます.

```
> predict(result.glm3,newdata=OUT)
          1           2           3           4           5           6
-6.51313855 -4.35322501 -2.55084281 -0.51386337 -3.69424274 -2.80987804
                        :
                        :
         97          98          99         100
-4.38524301 -3.93798232 -2.06661145 -0.84222032
```

これは，関数 fitted で得られたようなグループ 1 であることの確率値ではなく，その確率値の対数オッズ比の値になっています．関数 fitted と同様に，予測値をグループ 1 であることの確率値として得るためにはロジスティックシグモイド関数を適用する必要があります.

本章では，確率値として分類問題を考えています．そのため，ロジスティック回帰モデルの予測値も確率値で扱いたいので，R 上でロジスティックシグモイド関数を計算する新しい関数 sigmoid を定義しておきましょう．ロジスティックシグモイド関数の定義は，$\dfrac{1}{1 + \exp(-x)}$ ですので，次のように入力すれば，新たな関数 sigmoid が利用可能になります.

```
> sigmoid=function(x){  1 / ( 1 + exp( - x ) ) }
```

それでは，先ほど定義した関数 sigmoid を用いてロジスティック回帰モデルによるアウトサンプルデータの予測を，グループ 1 に分類される確率値として確認しましょう.

```
> sigmoid(predict(result.glm3,newdata=OUT))
           1            2            3            4            5            6
1.481617e-03 1.270184e-02 7.236989e-02 3.742883e-01 2.426295e-02 5.679271e-02
                          :
                          :
          97           98           99          100
1.230652e-02 1.911499e-02 1.123846e-01 3.010674e-01
```

それでは，これまでと同様に，50% 以上の確率をもつ個体をグループ 1 に分類すると仮定して，教師データ Z2.i とのクロス表を作成しましょう.

```
> table(round(sigmoid(predict(result.glm3, newdata=OUT))),Z2.i)
   Z2.i
     0  1
  0 45 13
  1  5 37
```

本来はグループ 0 に属する個体数 50 のうち，誤ってグループ 1 に分類した数

が5，一方で本来はグループ1に属する個体数50のうち，誤ってグループ0に分類した数は13です．誤って分類してしまった総数は18ですので，ニューラルネットワークを用いた場合の誤分類数22とくらべて，予測精度が若干高く，また，ロジスティック回帰モデルを採用したインサンプルデータの予測における誤分類数は12でしたので，アウトサンプルデータの予測精度は同程度であり，過学習は起こっていないと考えられます．

　今回用いた例では，インサンプルデータとアウトサンプルデータのいずれも排他的論理和に同水準の雑音を加えたものとして定義しており，共通の構造を有するものとして仮定しました．そのため，ニューラルネットワークを用いた場合にインサンプルデータの予測では過学習を引き起こし，結果的にアウトサンプルデータの予測では，ロジスティック回帰モデルを用いた場合に比べ，予測精度が悪化してしまいました．その一方で，ロジスティック回帰モデルを用いた場合にはインサンプルデータとアウトサンプルデータに共通する構造をモデル化できたために，アウトサンプルデータの予測においても予測精度を落とすことはありませんでした．

　この結果からみると，ロジスティック回帰モデルを用いたほうが，次の2つの点

1. 推定した係数も含めてモデル式が明らかとなるために，入力値が分類結果にどのように寄与するかが理解でき，透明性が高い手法である
2. アウトサンプルデータの予測精度が保たれる，いわゆる頑健な分類手法である．

で，良い分類手法のように思えます．しかしながら，実務においては，必ずしもモデル式としての解釈が必要となるわけではなく，入力値の種類が多い場合には，単純に重みの大きさでその入力値の重要性の軽重が測れるだけで十分な場合もあります．また今回の例のように，インサンプルデータとアウトサンプルデータの構造が全く同じであるという仮定が必ずしも成り立たないため，アウトサンプルデータの予測において，ロジスティック回帰モデルよりもニューラルネットワークの予測精度が落ちるとは限りません．例えば，今回の排他的論理和のように入力値と出力値の構造が単純明快な構造ではなく，非常に複雑な構造を有していると，ロジスティック回帰モデルを用いたとしても，インサンプルデータ，アウトサンプルデータの予測が期待する精度まで高められるかは未知数です．ニューラルネットワークでは，過学習という危険性ははらんでいるものの，隠れ層のユニットを増やしたり，初期値を

調整するなど，対象データの構造が複雑であってもインサンプルデータの予測精度を高める余地が残されています．まとめると，あらかじめ採用する分類手法を決めるのではなく，解析するデータと期待する結果を吟味して，ロジスティック回帰モデル，ニューラルネットワークなどの手法を適宜選択できるようにしておくことが重要となります．

5.9　発展：多層型ネットワーク〜ディープラーニングに向けて〜

　これまでに取り扱ってきたニューラルネットワークは，入力層，隠れ層，出力層の3層構造のものでした．もちろん，ニューラルネットワークは3層構造のものだけでなく，層を増やすこともできます．例えば，図5.19では，5つの層をもつフィードフォワードニューラルネットワークを考えています．

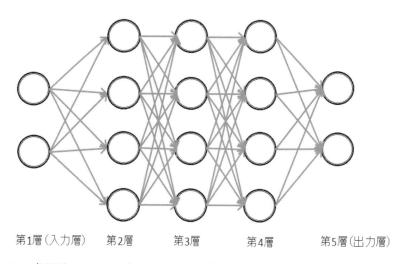

第1層（入力層）　第2層　　第3層　　第4層　第5層（出力層）

図 5.19　多層型ニューラルネットワークの例（2-4-4-4-2 フィードフォワードニューラルネットワーク）

　このニューラルネットワークはユニット数が16であり，定数項の重みも含めて重みの数は62になっています．前節で扱った2-8-1フィードフォワードニューラルネットワークでは，ユニット数が11，重みの総数は33でしたので，比較すると，ユニット数を5増やしただけで，重みは29も増えていま

す．このように，ユニット数，層を増やすことで，ニューラルネットワークは容易く大きなネットワーク構成になっていきます．

　最近になり実務においてもよく利用されるようになった**深層学習**（ディープラーニング，deep learning）は，基本的には層の数とユニット数を増やしたニューラルネットワークです[8]．また，活性化関数もロジスティックシグモイド関数だけではなく，様々な関数が採用されています．本節では，それらのすべてを書き尽くして説明するのではなく，共通する基本的な考え方として，多層型のニューラルネットワークに関する説明に焦点を絞ります．

　以降では，活性化関数を具体的に指定せず，一般的な $f(x)$ と置きます．また，総層数は K（$K \geq 3$）と置きましょう．ここで，入力層は第 1 層，出力層は第 K 層であり，その間の第 k 層（$1 < k < K$）は隠れ層と考えます．なお，入力層，出力層も含め，第 k 層には n_k 個のユニットがあるとします（$1 \leq k \leq K$）．一般的な多層型ニューラルネットワークを図 5.20 に記しました．

[8]
単純に層を増やすだけではなく，各層での演算方法にも工夫を加えています．興味のある方は，畳み込みニューラルネットワーク (CNN)，リカレントニューラルレットワーク (RNN) を調べてみてください．

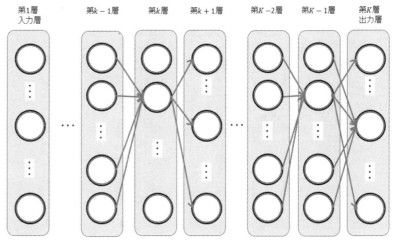

図 5.20　一般的な多層型ニューラルネットワークの例

　これから多くの層と多くのユニットを扱うので，はじめに記号法を整理しましょう．第 $k+1$ 層の j 番目のユニットに注目しましょう．これまで定数項の重みを他の重みとは区別して扱っていました．これからは，図 5.21 の右図のように，1 つ前の層に出力値を 1 に固定した特別なユニットを考えましょう．これまでは図 5.21 の左図のように，定数項の重みを特別に扱っていたた

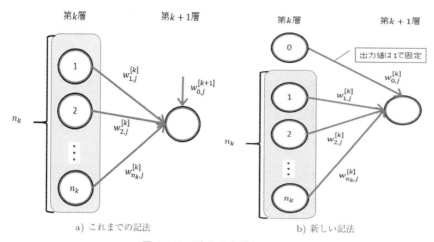

a) これまでの記法   b) 新しい記法

図 **5.21** 重みの記法について

め，第 $k+1$ 層の j 番目のユニットへの入力信号 $a_j^{[k+1]}$ は

$$a_j^{[k+1]} = \sum_{i=1}^{n_k} w_{ij}^{[k]} x_i^{[k]} + w_{0j}^{[k+1]}$$

と表現してきました．今後は，図 5.21 の右図のように，1 つ前の層である第 k 層に出力値を 1 に固定した 0 番目のユニットを導入，つまり，$x_0^{[k]} \equiv 1 (1 \leq k \leq K-1)$ を定義することで，定数項の重みは $x_0^{[k]}$ に掛かる重みとして再定義し第 $k+1$ 層の j 番目のユニットへの入力信号 $a_j^{[k+1]}$ を

$$a_j^{[k+1]} = \sum_{i=0}^{n_k} w_{ij}^{[k]} x_i^{[k]} \tag{5.13}$$

とあらわします[9]．

また，活性化関数 $f(\cdot)$ を用いると，入力信号 $a_j^{[k]}$ と出力信号 $x_j^{[k]}$ は

$$x_j^{[k]} = f\left(a_j^{[k]}\right) \tag{5.14}$$

という関係が成り立ちます．

また，出力信号は，第 K 層のユニットであるため，ユニット数は n_K，出力信号はこれまでに用いた記号法 o_j $(j=1,2,\dots,n_K)$ ではなく，$x_j^{[k]}$ $(j=1,2,\dots,n_K)$ と表します．出力ユニットの数は複数 (n_K) であるため，それに対応する教師データの数も同様に複数考えます．いま，教師データを $y_1, y_2, \dots, y_{n_K}$ とすると，誤差関数 E は，

9)

定数項の重みの右肩に記載した，層の値が 1 層前のものになっていることに注意してください．

$$E = \frac{1}{2} \sum_{j=1}^{n_K} \left(x_j^{[k]} - y_j \right)^2 \tag{5.15}$$

と書き直すことができます.

　以上で, 記号法の確認が終わりました. いよいよ, 多層型ニューラルネットワークにおける重みの推定アルゴリズムの説明に移りましょう. 多層型ニューラルネットワークにおいても, 重みの推定アルゴリズムとして勾配降下法を用いた誤差逆伝播法を採用します. 誤差逆伝播法ではそれぞれの重みについて, 誤差関数を小さくする方向の勾配で更新していくアルゴリズムでした. 具体的には, 重み $w_{ij}^{[k-1]} (k = 2, \ldots, K)$[10] に送信するユニットの更新式は, 学習率を η と置くと,

$$w_{ij}^{[k-1]} - \eta \frac{\partial E}{\partial w_{ij}^{[k-1]}} \tag{5.16}$$

と表現できます.

　それでは, 更新式の後半部分 $\dfrac{\partial E}{\partial w_{ij}^{[k-1]}}$ の計算方法を確認しましょう. はじ

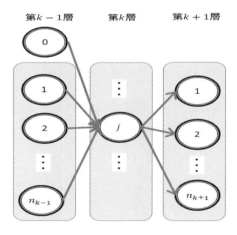

図 5.22　重みの記法について

めに, 第 k 層にある j 番目のユニットに注目しましょう. 前後の層にあるユニットとの関係については図 5.22 を参考にしてください. いま, 第 k 層にある j 番目のユニットへの入力信号 $a_j^{[k]}$ は,

10)
入力層は第 1 層, 出力層である第 K 層からの出力には重みが掛からない点に注意してください.

$$a_j^{[k]} = \sum_{i=1}^{n_{k-1}} w_{ij}^{[k-1]} x_i^{[k-1]}$$

であり，当該ユニットからの出力信号 $x_j^{[k]}$ との関係は，活性化関数を $f(\cdot)$ とすると

$$x_j^{[k]} = f\left(a_j^{[k]}\right)$$

記述できます．なお，$x_j^{[k]}$ は次の層，第 $k+1$ 層にある n_{k+1} 個のユニットに送信されることに注意してください．

ここで，新しい記号 $\delta_j^{[k]}$ を導入しましょう．定義は

$$\delta_j^{[k]} = \frac{\partial E}{\partial a_j^{[k]}} \tag{5.17}$$

とします．すると，重みの更新式 (5.16) は次のように書き換えることができます．

$$\frac{\partial E}{\partial w_{ij}^{[k-1]}} = \frac{\partial E}{\partial a_j^{[k]}} \frac{\partial a_j^{[k]}}{\partial w_{ij}^{[k-1]}} = \delta_j^{[k]} x_i^{[k-1]} \tag{5.18}$$

なお，(5.18) の右辺の変形では，(5.13) の関係を利用して，

$$\frac{\partial a_j^{[k]}}{\partial w_{ij}^{[k-1]}} = \frac{\partial}{\partial w_{ij}^{[k-1]}} a_j^{[k]} = \frac{\partial}{\partial w_{ij}^{[k-1]}} \left(\sum_{i=0}^{n_{k-1}} w_{ij}^{[k-1]} x_i^{[k-1]}\right) = x_i^{[k-1]}$$

と計算しています．

以上から，重みの更新式 (5.16) は次のように書き直せます．

$$w_{ij}^{[k-1]} - \eta \delta_j^{[k]} x_i^{[k-1]} \tag{5.19}$$

つまり，重みの更新式を計算するためには先ほど導入した $\delta_j^{[k]}$ の計算が必要になります．それでは，$\delta_j^{[k]}$ について，もう少し考えてみましょう．いま，$\delta_j^{[k]}$ は，第 k 層の j 番目のユニットからの送信信号 $x_j^{[k]}$ を利用すると

$$\delta_j^{[k]} = \frac{\partial E}{\partial a_j^{[k]}} = \frac{\partial E}{\partial x_j^{[k]}} \frac{\partial x_j^{[k]}}{\partial a_j^{[k]}} = \frac{\partial E}{\partial x_j^{[k]}} \times f'\left(a_j^{[k]}\right)$$

と計算できます．最後の活性化関数の導関数は，(5.14) の関係から導いています．これまでは，第 k 層に入力される信号 $x_i^{[k-1]}$ ($i = 0, 1, \ldots, n_{k-1}$) を扱っていましたが，ここからは注目する層が1つ進み，第 $k+1$ 層へ出力される信号 $x_j^{[k]}$ ($j = 0, 1, 2, \ldots, n_k$) を扱っていることに注意してください[11]．

11)
定数項の重みについては，出力値を 1 に固定した $x_0^{[k]}$ に掛かる重みとして定義したことを思い出してください．

　ここで，第 $k+1$ 層にある各ユニットへの入力信号 $a_l^{[k+1]}$ $(l = 1, 2, \ldots, n_{k+1})$ を考慮すれば，

$$\frac{\partial E}{\partial x_j^{[k]}} = \sum_{l=1}^{n_{k+1}} \frac{\partial E}{\partial a_l^{[k+1]}} \frac{\partial a_l^{[k+1]}}{\partial x_j^{[k]}} = \sum_{l=1}^{n_{k+1}} \delta_l^{[k+1]} w_{jl}^{[k]}$$

と計算できますので，結局 $\delta_j^{[k]}$ は，

$$\delta_j^{[k]} = \sum_{l=1}^{n_{k+1}} \delta_l^{[k+1]} w_{jl}^{[k]} \times f'\left(a_j^{[k]}\right) \tag{5.20}$$

とまとめることができます．左辺の $\delta_j^{[k]}$ は，そもそも (5.17) で定義したように第 k 層にあるユニットへの入力値に注目していましたが，式を展開すると右辺のように第 $k+1$ 層のユニットへの入力値の情報が必要となります．つまり，(5.20) からは $\delta_j^{[k]}$ が再帰的に前進する形式であり，次の層が存在することを前提として定義されていることが分かります．したがって，出力層（第 K 層）では (5.20) は使えないことが分かります．

　それでは，出力層（第 K 層）はどのように計算するのでしょうか．第 K 層のユニットへ送信される信号に掛かる重みは，$w_{ij}^{[K-1]}$ $(j = 1, 2, \ldots, n_K)$ です．更新式 (5.16) は第 K 層でも定義できるため，目的は依然として

$$w_{ij}^{[K-1]} - \eta \frac{\partial E}{\partial w_{ij}^{[K-1]}}$$

における，$\dfrac{\partial E}{\partial w_{ij}^{[K-1]}}$ を計算することにあります．また，同様に第 K 層においても，

$$a_j^{[K]} = \sum_{i=1}^{n_{K-1}} w_{ij}^{[K-1]} x_i^{[K-1]} \tag{5.21}$$

$$x_j^{[K]} = f\left(a_j^{[K]}\right) \tag{5.22}$$

$$\delta_j^{[K]} = \frac{\partial E}{\partial a_j^{[K]}} \tag{5.23}$$

が定義できますので，更新式の第 2 項目にある偏微分の部分は，

$$\frac{\partial E}{\partial w_{ij}^{[K-1]}} = \frac{\partial E}{\partial a_j^{[K]}} \frac{\partial a_j^{[K]}}{\partial w_{ij}^{[K-1]}} = \delta_j^{[K]} x_i^{[K-1]}$$

と書き換えられます．続いて，前半部分の $\delta_j^{[K]}$ の計算をすすめましょう．いま，

$$\delta_j^{[K]} = \frac{\partial E}{\partial a_j^{[K]}} \frac{\partial E}{\partial x_j^{[K]}} \frac{\partial x_j^{[K]}}{\partial a_j^{[K]}}$$

であるので，前半部分は誤差関数 (5.15) であることに注意すれば，

$$\frac{\partial E}{\partial x_j^{[K]}} = \frac{\partial}{\partial x_j^{[K]}} \frac{1}{2} \sum_{j=1}^{n_K} \left(x_j^{[k]} - y_j \right)^2 \left(x_j^{[k]} - y_j \right)$$

と計算できます．後半部分は，(5.22) から $f'\left(a_j^{[K]}\right)$ と計算できるので，結局のところ，$\delta_j^{[K]}$ は，

$$\delta_j^{[K]} = \left(x_j^{[k]} - y_j \right) \times f'\left(a_j^{[K]} \right) \tag{5.24}$$

と書き直すことができます．したがって，出力層に関連する重みの更新式も，

$$w_{ij}^{[K-1]} - \eta \delta_j^{[K]} x_i^{[K-1]} \tag{5.25}$$

と表せます．ただし，$\delta_j^{[K]}$ はそれ以前の層のものとは異なり，(5.24) となります．

　ここまでをまとめると，多層型ニューラルネットワークにおける重みの更新式は，次のようにまとめることができます．

多層型ニューラルネットワークにおける第 k 層 $(k=2,3,\ldots,K)$ にある j 番目のユニットに関する重み $w_{ij}^{[k-1]}$ の重みの更新式は，次のとおりです．

$$w_{ij}^{[k-1]} - \eta \delta_j^{[k]} x_i^{[k-1]}$$

ただし，

$$\delta_j^{[k]} = \begin{cases} \left(x_j^{[k]} - y_j \right) \times f'\left(a_j^{[K]} \right) & k = K\ （出力層）のみ \\[2ex] \displaystyle\sum_{l=1}^{n_{k+1}} \delta_l^{[k+1]} w_{jl}^{[k]} \times f'\left(a_j^{[k]} \right) & k = 2,3,\ldots,K-1\ （隠れ層）のとき \end{cases}$$

　ここで，あらためて**誤差逆伝播法**という名称について考えてみましょう．一般的な数列 $a_1, a_2, \ldots, a_n$ において，初項 a_1 と漸化式[12]が与えられていれば，任意の項の値を初項から逐次的に計算することができます．ニューラルネットワークの重みの更新式では，$\delta_j^{[k]}$ が第 k 層と第 $k+1$ 層の関係式として定義されている一方，一般的な数列の問題における初項のように添え字の小さい

[12]
いくつかの項の間に成り立つ関係式．例えば，2 項間では $a_{k+1} = 2a_k + 1$ など

値ではなく，添え字が最も大きい第 K 層の値が得られています．つまり，最も大きい第 K 層の値から求めることができ，$\delta_j^{[k]}$ の関係式 (5.20) を適用しながら，添え字の小さい層の重みの値を更新させていくことになります．そのため，逆伝播という言葉が用いられています．

▊ 5.10　付録：跳びのあるネットワーク

　隠れ層を設定した 3 層以上のフィードフォワードニューラルネットワークでは，たびたび跳びを設定するか否かが話題に上ります．跳びとは，あるユニットからの出力信号が次の層のユニットではなく，いくつかの層を跳び越えて先の層のユニットに送信されることを呼びます．図 5.23 の左図には，最も簡単な例として，2-1-1 フィードフォワードニューラルネットワークに跳びを定義したものを示しています．

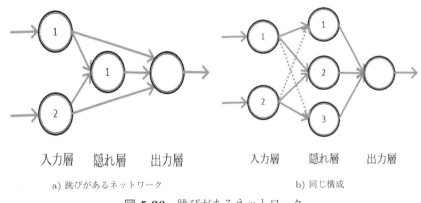

a) 跳びがあるネットワーク　　　　　　　　　　b) 同じ構成

図 **5.23**　跳びがあるネットワーク

　入力層のユニット 1 と 2 からは，隠れ層のユニットだけでなく，出力層のユニットに直接信号を送信しています．このような跳びのあるニューラルネットワークでは，これまで議論してきたような誤差逆伝播法を単純に当てはめることができなくなります．

　そこで，図 5.23 の右図のように，2-3-1 フィードフォワードニューラルネットワークを導入し，入力層のユニット 1 から隠れ層のユニット 1 への重みを 1 に，隠れ層のユニット 3 への重みを 0 にそれぞれ固定し，同様に，入力層

のユニット 2 から隠れ層のユニット 1 への重みを 0 に，隠れ層のユニット 3 への重みを 1 にそれぞれ固定することで，跳びを有するネットワークと同等な構成を再現することができます．また，重みの推定では，値が 0 または 1 のように固定されている部分の重みについては更新ステップを組み込まずに値を固定すればよいため，誤差逆伝播法の推定アルゴリズムを大きく変更することなく適用することが可能です．

A 本書の付録

この付録では，統計ソフトウェアの R のセットアップ方法，本文では十分説明できなかった数学の補足を紹介しています．R に関して慣れ親しんでいる読者や統計学の基礎を理解している読者は読み飛ばしていただいて構いません．

A.1 R のセットアップ

R はフリーソフトウェアです．The Comprehensive R Archive Network というホームページ https://cran.r-project.org/ からダウンロード可能です．お使いのパソコンの OS にあわせてリンクをクリックしダウンロードしてください．ここでは Windows をダウンロードすると仮定して説明します．

1. Download R for Windows　というリンクをクリックすると，R for Windows という新たなページが開きます．
2. base というリンクをクリックしてください．すると 新たに R-*.*.* for Windows (32/64 bit)　というページがあらわれます．ここで * はバージョン番号です．
3. ページ上部にある Download R *.*.* for Windows をクリックするとダウンロードが始まるので，適当な場所に保存してください．
4. 保存された R-*.*.*-win.exe というファイルをダブルクリックしてインストーラーを起動してください．インストーラーがいろいろ聞いてきますが，内容がよくわからない人はすべてデフォルトで進めていただいて構いません．
5. インストールが完了すると，デスクトップ上に R のアイコンが作られたり，スタートメニューの中に R のフォルダがあらわれます．お使いの PC のアーキテクチャに 64 ビットなら x64 という表記がある R を，32 ビッ

ト機ならば i386 という表記のある R を選択して起動してください.

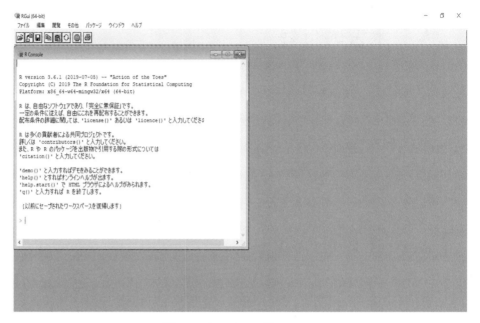

図 **1.1**　Windows 版の R

R が正常に起動すると図 1.1 の RGui ウィンドウがあらわれます.

　内部ウィンドウである R Console にはプロンプト > が表示されています.
そこにコマンドを入力し Enter キーを押下すると R が処理を実行します. た
とえば,

> a=3

と入力すれば a というオブジェクトを作成し 3 が代入されます.

　再びオブジェクト名をプロンプトに入力するとオブジェクトの中身が表示
されます.

> a
[1] 3

このように R では対話式に R Console にコマンドを入力して目的の処理を実
現します. R を終了するときは RGui ウィンドウの右上隅にある×ボタンを

押してください．作業スペースを保存するか尋ねてくるので，作業した内容や作成したオブジェクトを残したい場合は「はい」を選択してください．もし，不要な場合は「いいえ」を選択してください．

　本書では所々でプロンプトへの入力方法が示されますので，適宜入力しながら読み進めていただければと思います．現在では R の使い方を説明している書籍も多数出ていますので，R にあまり慣れていない読者はそちらを参考にしていただいたり，WEB にある無料の入門記事を参考にされてもよいでしょう．

A.2　階層的クラスタリング

A.2.1　尺度と分類手法

　教師なし学習で与えられたデータをいくつかのグループに分類していくクラスター分析という方法を説明していますが，正確に運用するには尺度に注意を払う必要があります．

◆　量的データと質的データ

- 量的データは「定量的データ」ともいい，数値で計量することが可能で，数値の大きさが意味を持つものを指します．データを評価する基準として間隔尺度と比例尺度があります．

  ・間隔尺度　例えば年齢や温度など数値の間の差にのみ意味がある
  ・比例尺度　例えば身長や売上高など数値同士の比にも意味がある

- 質的データは「定性的データ」ともいい，数値で計量できないものや数字で表されるが，その大きさには意味が無いものを指します．データを評価する基準として順序尺度と名義尺度があります．

  ・順序尺度　例えば満足度や順位など数値の表す順序にのみ意味があるもの
  ・名義尺度　例えば性別や国籍など区別にのみ意味があるもの

本編では明示していませんが，理解を容易にするため量的データを導入して説明してます[1]．

1) 質的データを分析する際には事前に数量化の操作を行ったり，距離の考え方で別の測定方法を用いたりすることが必要となりますが，本書では割愛しますので詳細は他の書籍をご参照ください．

◆ データに対する適切な分類手法

与えられたデータをクラスター分けしていくに際し，データの量や特徴によっては多大な計算量が発生したり，解釈が難しくなったりするため，データをブラウジングしつつ，適切な手法を用いる必要があります．このクラスター分析の手法群は以下のように大きく階層的手法と非階層的手法の 2 つに分けられます．

- 階層的手法

  クラスター分析の対象となる個体・個体群を段階的に併合，あるいは分割していく手法で，あらかじめ分けるクラスター数が定められない場合によく用いられます．

  ・凝集型階層的クラスタリング

  ボトムアップ的にクラスターを作る手法で，似ているデータを順次併合していき，最終的に一つのクラスターにするものです．

  ・分枝型階層的クラスタリング

  トップダウン的にクラスターを作る手法で，一つのクラスターから順次分割していき，階層を分けていくものです．その名のとおり，時系列的に派生してきたデータの分類などに適している一方で，下層のクラスターに進むたびに全て計算を行うため，ボトムアップ型よりも計算量が多くなります．

- 非階層的手法

  括り方が広いのですが，階層的手法で無いものが分類され，クラスター分けの評価関数を最適化するものや，確率モデルを用いて分類するものがあります．あらかじめ分けるクラスター数が定められる場合であれば，階層的手法より計算量が少ない場合もあります．

  ・分割最適化型クラスタリング

  トップダウン的にクラスターを作る手法で，個体・個体群を分割する際に評価関数を決め，その関数を最適化していく分割です．階層的手法より計算量が少ないことが多く，ビッグデータ解析に向きますが，ノイズデータの影響を受けやすい，最適化する際の初期値データに依存した結果が生じる，などの注意点もあります．

  ・有限混合分布モデル

クラスターとして有限個の確率分布を想定する分類手法です．上記のクラスタリング手法群がデータを背反なクラスターに分割するものであるのに対し，混合分布モデルは各クラスターに所属する確率を推定するため，どのクラスターに属しているか判断しにくいデータがある一方，ノイズデータに対しても柔軟な解釈を与えることが出来ます．

A.2.2　距離の公理

　本文 4.1.1 では特に前置きすることなく各データ個体間に様々な距離の測り方があることを説明しましたが，距離という概念は一般化された以下のような定義があります．

　集合 X を空ではない集合として，d を X で定義された 2 変数の実数値関数であるとすると次の 4 つの条件を満たすものを集合 X 上の**距離**と呼び，これらの条件を**距離の公理**といいます．

1. 任意の $x_1, x_2 \ni X$ に対して $d(x_1, x_2) \geq 0$.
2. $x_1, x_2 \ni X$ に対して $d(x_1, x_2) = 0$ となるのは $x_1 = x_2$ のときのみ.
3. 任意の $x_1, x_2 \ni X$ に対して $d(x_1, x_2) = d(x_2, x_1)$.
4. 任意の $x_1, x_2, x_3 \ni X$ に対して

$$d(x_1, x_3) \leq d(x_1, x_2) + d(x_2, x_3).$$

　また d を X 上の**距離関数**といい，距離関数 d と集合 X を併せて**距離空間**といいます．

A.2.3　重心法の (4.1) 式

$$D(A \cup B, C)^2 = \frac{n_a D(A,C)^2 + n_b D(B,C)^2}{n_a + n_b} - \frac{n_a n_b D(A,B)^2}{(n_a + n_b)^2}.$$

したがってクラスター A と B の重心を $\bar{x}_u$ とすると次のようになる:

$$\bar{x}_u = \frac{n_a x_a + n_b x_b}{n_a + n_b}.$$

　この $\bar{x}_u$ と新たに併合するクラスター C の重心 x_c の距離 D_{uc} はユークリッド距離の二乗を考えると以下のようになります.

$$
\begin{aligned}
D_{uc} &= \|\bar{x_u} - \bar{x}_c\|^2 \\
&= \left\|\left(\frac{n_a x_a + n_b x_b}{n_a + n_b}\right) - \bar{x}_c\right\|^2 \\
&= \left\|\frac{n_a}{n_a + n_b}(\bar{x}_a - \bar{x}_c) - \frac{n_b}{n_a + n_b}(\bar{x}_b - \bar{x}_c)\right\|^2 \\
&= \frac{n_a^2}{(n_a + n_b)^2}\|\bar{x}_a - \bar{x}_c\|^2 + \frac{n_b^2}{(n_a + n_b)^2}\|\bar{x}_b - \bar{x}_c\|^2 \\
&\quad + 2\frac{n_a n_b}{(n_a + n_b)^2}|(\bar{x}_a - \bar{x}_c), (\bar{x}_b - \bar{x}_c)| \\
&= \frac{n_a(n_a + n_b) - n_a n_b}{(n_a + n_b)^2}\|\bar{x}_a - \bar{x}_c\|^2 + \frac{n_b(n_a + n_b) - n_a n_b}{(n_a + n_b)^2}\|\bar{x}_b - \bar{x}_c\|^2 \\
&\quad + 2\frac{n_a n_b}{(n_a + n_b)^2}|(\bar{x}_a - \bar{x}_c), (\bar{x}_b - \bar{x}_c)| \\
&= \frac{n_a}{n_a + n_b}\|\bar{x}_a - \bar{x}_c\|^2 + \frac{n_b}{(n_a + n_b)}\|\bar{x}_b - \bar{x}_c\|^2 \\
&\quad - \frac{n_a n_b}{(n_a + n_b)^2}\left\{\|\bar{x}_a - \bar{x}_c\|^2 + \|\bar{x}_b - \bar{x}_c\|^2 + 2|(\bar{x}_a - \bar{x}_c), (\bar{x}_b - \bar{x}_c)|\right\} \\
&= \frac{n_a}{n_a + n_b}\|\bar{x}_a - \bar{x}_c\|^2 + \frac{n_b}{(n_a + n_b)}\|\bar{x}_b - \bar{x}_c\|^2 - \frac{n_a n_b}{(n_a + n_b)^2}\|\bar{x}_a - \bar{x}_b\|^2.
\end{aligned}
$$

▌A.2.4　ワルド法の (4.2) 式

$$
\begin{aligned}
D(A, B) &= \sum_{x_k \in A \cup B} d(\boldsymbol{x}_k, \bar{\boldsymbol{x}}_{a \cup b})^2 - \sum_{x_i \in C} d(\boldsymbol{x}_i, \bar{\boldsymbol{x}}_a)^2 - \sum_{x_j \in C} d(\boldsymbol{x}_j, \bar{\boldsymbol{x}}_a)^2 \\
&= \frac{n_a n_b}{n_a + n_b} d(\bar{\boldsymbol{x}}_a, \bar{\boldsymbol{x}}_b)^2.
\end{aligned}
$$

　データが D 次元のクラスター A と B を統合してクラスター K を作るとし，その重心を $\bar{x}_k$，データ個数を n_k とする.

$$
\begin{aligned}
n_k &= n_a + n_b \\
\bar{x}_{ik} &= \frac{1}{n_k}\sum_{j=1}^{n_k} x_{ikj}
\end{aligned}
$$

$$= \frac{1}{n_k} \left(\sum_{j=1}^{n_a} x_{iaj} + \sum_{j=1}^{n_b} x_{ibj} \right)$$

$$= \frac{n_a}{n_k} \sum_{j=1}^{n_a} x_{ikj} + \frac{n_b}{n_k} \sum_{j=1}^{n_b} x_{ikj}$$

$$= \frac{n_a}{n_k} \bar{x}_{ik} + \frac{n_b}{n_k} \bar{x}_{ik}.$$

クラスター K の重心 x_k の距離 D_k は以下のようになります.

$$D_k = \sum_{i=1}^{d} \sum_{j=1}^{n_k} (x_{ikj} - \bar{x}_{ik})^2$$

$$= \sum_{i=1}^{d} \sum_{j=1}^{n_k} (x_{ikj}^2 - 2x_{ikj}\bar{x}_{ik} + \bar{x}_{ik}^2)$$

$$= \sum_{i=1}^{d} \left\{ \sum_{j=1}^{n_a} (x_{iaj}^2 - 2x_{iaj}\bar{x}_{ik} + \bar{x}_{ik}^2) + \sum_{j=1}^{n_b} (x_{ibj}^2 - 2x_{ibj}\bar{x}_{ik} + \bar{x}_{ik}^2) \right\}$$

$$= \sum_{i=1}^{d} \left\{ \sum_{j=1}^{n_a} (x_{iaj} - \bar{x}_{iA})^2 + 2\bar{x}_{iA} \sum_{j=1}^{n_a} x_{iaj} - n_a\bar{x}_{ia}^2 - 2\bar{x}_{ik} \sum_{j=1}^{n_a} x_{iaj} + n_a\bar{x}_{ik}^2 \right.$$

$$\left. + \sum_{j=1}^{n_b} (x_{ibj} - \bar{x}_{ib})^2 + 2\bar{x}_{ib} \sum_{j=1}^{n_b} x_{ibj} - n_b\bar{x}_{ib}^2 - 2\bar{x}_{ik} \sum_{j=1}^{n_b} x_{ibj} + n_b\bar{x}_{ik}^2) \right\}$$

$$= \sum_{i=1}^{d} \sum_{j=1}^{n_a} (x_{iaj} - \bar{x}_{ia})^2 + \sum_{i=1}^{d} \sum_{j=1}^{n_b} (x_{ibj} - \bar{x}_{ib})^2$$

$$+ \sum_{i=1}^{d} \left\{ 2n_a\bar{x}_{ia}^2 - n_a\bar{x}_{ia}^2 - 2n_a\bar{x}_{ia}\bar{x}_{ik} + n_a\bar{x}_{ik}^2 \right.$$

$$\left. + 2n_b\bar{x}_{iB}^2 - n_b\bar{x}_{ib}^2 - 2n_b\bar{x}_{ib}\bar{x}_{ik} + n_b\bar{x}_{ik}^2) \right\}$$

$$= \sum_{i=1}^{d} \sum_{j=1}^{n_a} (x_{iaj} - \bar{x}_{ia})^2 + \sum_{i=1}^{d} \sum_{j=1}^{n_b} (x_{ibj} - \bar{x}_{ib})^2 + \sum_{i=1}^{d} \left\{ n_a\bar{x}_{ia}^2 + n_b\bar{x}_{ib}^2 - n_k\bar{x}_{ik}^2 \right\}$$

$$= \sum_{i=1}^{d} \sum_{j=1}^{n_a} (x_{iaj} - \bar{x}_{ia})^2 + \sum_{i=1}^{d} \sum_{j=1}^{n_b} (x_{ibj} - \bar{x}_{ib})^2$$

$$+ \sum_{i=1}^{d} \left\{ n_a\bar{x}_{ia}^2 + n_b\bar{x}_{ib}^2 - \frac{1}{n_k}(n_a^2\bar{x}_{ia}^2 + 2n_an_b\bar{x}_{ia}\bar{x}_{ib} + n_b^2\bar{x}_{ib}^2) \right\}$$

$$= \sum_{i=1}^{d} \sum_{j=1}^{n_a} (x_{iaj} - \bar{x}_{ia})^2 + \sum_{i=1}^{d} \sum_{j=1}^{n_b} (x_{ibj} - \bar{x}_{ib})^2$$

$$+ \sum_{i=1}^{d} \left\{ \frac{(n_k - n_a)n_a}{n_k} \bar{x}_{ia}^2 - \frac{n_a n_b}{n_k} \bar{x}_{ia}\bar{x}_{ib} + \frac{(n_k - n_b)n_b}{n_k} n_b \bar{x}_{ib}^2 \right\}$$

$$= \sum_{i=1}^{d} \sum_{j=1}^{n_a} (x_{iaj} - \bar{x}_{ia})^2 + \sum_{i=1}^{d} \sum_{j=1}^{n_b} (x_{ibj} - \bar{x}_{ib})^2 + \frac{n_a n_b}{n_a + n_b} \sum_{i=1}^{d} (\bar{x}_{ia} - \bar{x}_{ib})^2$$

右辺の第 1 項目と第 2 項目を左辺に移項すれば (4.2) 式にほかなりません.

A.2.5　ワルド法による更新 (4.3) 式

$$D(A \cup B, C) = \frac{n_a + n_c}{n_a + n_b + n_c} D(A, C) + \frac{n_b + n_c}{n_a + n_b + n_c} D(B, C)$$

$$- \frac{n_c}{n_a + n_b + n_c} D(A, B)$$

前項のようにクラスター A と B を統合（クラスター K が出来たと）して，別のクラスター C との距離を更新します.

$$D(A \cup B, C) = D(K, C)$$

$$= \frac{n_k n_c}{n_k + n_c} \sum_{i=1}^{d} (\bar{x}_{ik} - \bar{x}_{ic})^2$$

$$= \frac{n_k n_c}{n_k + n_c} \sum_{i=1}^{d} \left(\frac{n_a}{n_k} \bar{x}_{ia} + \frac{n_b}{n_k} \bar{x}_{ib} - \bar{x}_{ic} \right)^2$$

$$= \frac{n_k n_c}{n_k + n_c} \sum_{i=1}^{d} \left(\frac{n_a^2}{n_k^2} \bar{x}_{ia}^2 + \frac{n_b^2}{n_k^2} \bar{x}_{ib}^2 + \bar{x}_{ic}^2 + \frac{2n_a n_b}{n_k^2} \bar{x}_{ia}\bar{x}_{ib} \right.$$

$$\left. - \frac{2n_a}{n_k} \bar{x}_{ia}\bar{x}_{ic} - \frac{2n_b}{n_k} \bar{x}_{ib}\bar{x}_{ic} \right)$$

$$= \frac{n_c}{n_k + n_c} \sum_{i=1}^{d} \left(\frac{n_a^2}{n_k} \bar{x}_{ia}^2 + \frac{n_b^2}{n_k} \bar{x}_{ib}^2 + (n_a + n_b)\bar{x}_{ic}^2 + \frac{2n_a n_b}{n_k} \bar{x}_{ia}\bar{x}_{ib} \right.$$

$$\left. - 2n_a \bar{x}_{ia}\bar{x}_{ic} - 2n_b \bar{x}_{ib}\bar{x}_{ic} \right)$$

$$= \frac{n_c}{n_k + n_c} \sum_{i=1}^{d} \left(\frac{n_a(n_k - n_b)}{n_k} \bar{x}_{ia}^2 + \frac{n_b(n_k - n_a)}{n_k} \bar{x}_{ib}^2 + (n_a + n_b)\bar{x}_{ic}^2 \right.$$

$$+ \frac{2n_a n_b}{n_k} \bar{x}_{ia} \bar{x}_{ib} - 2n_a \bar{x}_{ia} \bar{x}_{ic} - 2n_b \bar{x}_{ib} \bar{x}_{ic} \Big)$$

$$= \frac{n_c}{n_k + n_c} \sum_{i=1}^{d} \Big\{ n_a (\bar{x}_{ia}^2 - 2\bar{x}_{ia} \bar{x}_{ic} + \bar{x}_{ic}^2) + n_b (\bar{x}_{ib}^2 - 2\bar{x}_{ib} \bar{x}_{ic} + \bar{x}_{ic}^2)$$

$$- \frac{n_a n_b}{n_k} (\bar{x}_{ia}^2 - 2\bar{x}_{ia} \bar{x}_{ib} + \bar{x}_{ib}^2) \Big\}$$

$$= \frac{1}{n_k + n_c} \Big\{ n_a n_c \sum_{i=1}^{d} (\bar{x}_{ia} - \bar{x}_{ic})^2 + n_b n_c \sum_{i=1}^{d} (\bar{x}_{ib} - \bar{x}_{ic})^2$$

$$- n_c \frac{n_a n_b}{n_a + n_b} \sum_{i=1}^{d} (\bar{x}_{ia} - \bar{x}_{ib})^2 \Big\}$$

$$= \frac{1}{n_k + n_c} \Big\{ (n_a + n_c) \cdot \frac{n_a n_c}{n_a + n_c} \sum_{i=1}^{d} (\bar{x}_{ia} - \bar{x}_{ic})^2$$

$$+ (n_b + n_c) \cdot \frac{n_b n_c}{n_b + n_c} \sum_{i=1}^{d} (\bar{x}_{ib} - \bar{x}_{ic})^2 - n_c \frac{n_a n_b}{n_a + n_b} \sum_{i=1}^{d} (\bar{x}_{ia} - \bar{x}_{ib})^2 \Big\}$$

$$= \frac{1}{n_a + n_b + n_c} \{ (n_a + n_c) D(A, C) + (n_b + n_c) D(B, C) - n_c D(A, B) \}$$

よって本編の (4.3) 式が示されました.

A.3　主成分分析

A.3.1　ラグランジュの未定乗数法のイメージ

　ここでは 4.2.4 で用いられているラグランジュの未定乗数法について解説します. ラグランジュの未定乗数法は制約条件のもとで最適化問題を解くための代表的な方法の一つで, 予算制約がある中での効用最大化や資産ポートフォリオのリスク最小化問題など, 経済学やファイナンスの諸問題でもよく使われます.

　この方法の使い方はそれほど難しいものではないのですが, 最適化問題の解（より正確には解の候補）が得られる理由については一見しただけでは理解しにくいと思います. ここではラグランジュの未定乗数法のメカニズムについて幾何的な側面からの説明を試みたいと思います.

　はじめにラグランジュの未定乗数法の式のセットアップを確認します. 簡単のため, ここでは x_1 と x_2 の 2 次元での場合を考えますが, 拡張して N 次

元 (N は 2 以上の任意の自然数) の最適化問題について M 本 ($M \leq N$) の制約条件下で解を求める場合も考え方は同様です.

$$\underset{x_1, x_2}{\arg \max} \; f(x_1, y_2)$$
$$s.t. \quad g(x_1, x_2) = 0$$

1 つ目の式が最適化したい問題の目的関数, 2 つ目の式が制約となる条件式でいずれも連続で微分可能な関数であるとします. これをある定数 λ を用いて以下の (A.1) 式のように置いたものをラグランジュ関数といいます. なお, 定数 λ はラグランジュ乗数と呼ばれています.

$$L(x_1, x_2, \lambda) = f(x_1, x_2) - \lambda g(x_1, x_2) \tag{A.1}$$

この式によって最適化問題が解ける理由を理解することが目的です. ただ, このままでは分からないので, もう少し解法を進めます. 次のステップはこの L が最大になるような x_1, x_2, λ を求めるため, それぞれの変数で (A.1) 式を偏微分し, 0 と置きます.

$$\frac{\partial L}{\partial x_1} = \frac{\partial f}{\partial x_1} - \lambda \frac{\partial g}{\partial x_1} = 0 \tag{A.2}$$

$$\frac{\partial L}{\partial x_2} = \frac{\partial f}{\partial x_2} - \lambda \frac{\partial g}{\partial x_2} = 0 \tag{A.3}$$

$$\frac{\partial L}{\partial \lambda} = -g(x_1, x_1) = 0 \tag{A.4}$$

ここで (A.4) 式はもともとの制約である条件式 $g(x_1, x_2) = 0$ を表しています. (A.2) 式と (A.3) 式はそれぞれ第 2 項を移項します:

$$\frac{\partial f}{\partial x_1} = \lambda \frac{\partial g}{\partial x_1}$$
$$\frac{\partial f}{\partial x_2} = \lambda \frac{\partial g}{\partial x_2}.$$

これらの式をベクトルで表現すると以下の (A.5) 式のようになります.

$$\begin{pmatrix} \dfrac{\partial f}{\partial x_1} \\ \dfrac{\partial f}{\partial x_2} \end{pmatrix} = \lambda \begin{pmatrix} \dfrac{\partial g}{\partial x_1} \\ \dfrac{\partial g}{\partial x_2} \end{pmatrix} \tag{A.5}$$

この (A.5) 式の意味を考えてみましょう. ラグランジュ乗数 λ は定数なので, 右辺のベクトルを λ 倍したものが左辺のベクトルになっていることを示

しています. つまり, 2つのベクトルが平行であることが分かります.

また, (A.5) 式右辺のベクトルは x_1 と x_2 による2次元平面においてスカラー関数 f が変化する様子を各方向への変化率を要素としてベクトルで表しており, 勾配といわれています[2].

つぎに関数 f がある一定値 y を取る場合の (x_1, x_2) の集合は曲線となり, 関数 f の等高線と考えることができます. この等高線 $f(x_1, x_2) = y$ 上のある点 (x_1, x_2) と, そこから等高線の曲線に沿って x_1 方向と x_2 方向に微小に変化させた $(x_1 + \Delta, x_2 + \Delta)$ 点を結ぶ線は等高線の接線となり, また等高線上の点であるため $f(x_1 + \Delta, x_2 + \Delta) = y$ となります. ここで $f(x_1 + \Delta, x_2 + \Delta)$ について1次の項まで2変数のテーラー展開を行います.

$$f(x_1 + \Delta x_1, x_2 + \Delta x_2) \simeq f(x_1, x_2) + \frac{\partial f}{\partial x_1}\Delta x_1 + \frac{\partial f}{\partial x_2}\Delta x_2 .$$

したがって次の式が導き出せます.

$$\frac{\partial f}{\partial x_1}\Delta x_1 + \frac{\partial f}{\partial x_2}\Delta x_2 = 0 . \tag{A.6}$$

この (A.6) 式をベクトルで表すと,

$$\begin{pmatrix} \dfrac{\partial f}{\partial x_1} \\ \dfrac{\partial f}{\partial x_2} \end{pmatrix}^T \begin{pmatrix} \Delta x_1 \\ \Delta x_2 \end{pmatrix} = \nabla f \begin{pmatrix} \Delta x_1 \\ \Delta x_2 \end{pmatrix} = 0 . \tag{A.7}$$

ここで勾配 ∇f が出てきました. 一方, $(\Delta x_1\ \Delta x_2)$ は先ほど説明したように等高線上の接線です. この (A.7) 式はベクトルの内積となっており, それが0になるということはこれらベクトルが直交しているということを表しています[3]. つまり勾配 ∇f は等高線の接線と直交する法線ベクトルであるといえます.

さて, ここでもう一度 (A.5) 式で見た f の勾配と g の勾配が平行になるということを考えてみましょう. 先ほどの説明と同様に制約条件 g についてもその曲線上での x_1 方向と x_2 方向の微小な変化を考えることで g の接線を考えることができますので, f の勾配と g の勾配が平行になるところでは f の等高線の接線と g の接線も平行になるということができます. この状態のときに制約条件 g を満たす点 (x_1^*, x_2^*) はそこから x_1 方向と x_2 方向に動かしても, 目的関数 f の値を変えることができないため, 極値の候補である[4] ということを示しています.

▎A.3.2　主成分導出の一般化

観測されたデータ集合 $\{x_n\},(n = 1,...,N)$ が次元 D の変数とする.主成分分析によって各主成分に射影されたデータの分散を最大化するような $M(M < D)$ 次元部分空間の上への線形写像が,データの共分散行列 S の上位 M 個の固有値に属する M 本の固有ベクトルより定義されることを帰納法を用いて示す.

$$\bar{x} = \frac{1}{N}\sum_{n=1}^{N}x_n, \quad S = \frac{1}{N}\sum_{n=1}^{N}(x_n - \bar{x})(x_n - \bar{x})^T$$

1. 本文中で 2 次元の例で示したが,まず $M = 1$ は成立する.
2. 次に M で成立すると仮定して $M + 1$ で成立するか考える.

　第 $M + 1$ 主成分のベクトルを u_{M+1} とすれば,射影されたデータの分散は以下のように表せる.

$$\frac{1}{N}\sum_{n=1}^{N}(u_{m+1}^T x_n - \bar{u}_{m+1}\bar{x})^2 = u_{m+1}^T S \bar{u}_{m+1}$$

この第 $(M + 1)$ 主成分の分散が M までの全ての主成分と直交しつつ,最大となる際の u_{M+1} を求める.ただし,制約条件は次のとおり.

$$u_i^T u_j = \begin{cases} 1 & (i = j) \\ 0 & (i \neq j) \end{cases}$$

　したがってラグランジュの未定乗数法を用いて解く.

$$L(u_{M+1}, S, \lambda, \eta) = u_{m+1}^T S \bar{u}_{m+1} + \lambda_{M+1}(1 - u_{M+1}^T u_{M+1}) + \sum_{i=1}^{M}\eta_i u_{M+1}^T u_i$$

偏微分して 0 とおくと

$$\frac{\partial L}{\partial u_{M+1}} = 2S u_{M+1} - 2\lambda_{M+1}u_{M+1} + \sum_{i=1}^{M}\eta_i u_i = 0$$

となる.ここで $u_j,(j = 1,...,M)$ を左からかける:

$$u_j S u_{M+1} - \lambda_{M+1}u_j^T u_{M+1} + \sum_{i=1}^{M}\eta_i u_j^T u_i = 0.$$

ここで制約条件より第 2 項目は 0 となる.また第 3 項目も $j = i$ のとき

のみ $\boldsymbol{u}_j^T \boldsymbol{u}_j = 1$ より η_j となる.

$$\boldsymbol{u}_j^T \boldsymbol{S} \boldsymbol{u}_{M+1} + \eta_j = 0$$

ここで共分散行列 $\boldsymbol{S} = \boldsymbol{S}^T$ より,

$$\begin{aligned}
\boldsymbol{u}_j^T \boldsymbol{S} \boldsymbol{u}_{M+1} &= \boldsymbol{u}_{M+1}^T \boldsymbol{S} \boldsymbol{u}_j \\
&= \boldsymbol{u}_{M+1}^T \lambda_j \boldsymbol{u}_j \\
&= 0 \quad \because j = 1, ..., M \text{ なので } M+1 \text{ とは直交する.}
\end{aligned}$$

よって

$$\eta_j = 0, \quad (j = 1, ..., M).$$

2 より,

$$\boldsymbol{S} \boldsymbol{u}_{M+1} - \lambda_{M+1} \boldsymbol{u}_{M+1} = \boldsymbol{0}.$$

したがって,

$$\boldsymbol{u}_{M+1}^T \boldsymbol{S} \boldsymbol{u}_{M+1} = \lambda_{M+1}.$$

$M+1$ でも最大分散 $\boldsymbol{u}_{M+1}^T \boldsymbol{S} \boldsymbol{u}_{M+1}$ は固有値 λ_{M+1} と等しい. 大きいほうから M 個の固有値とそれに対応する固有ベクトルは M までの主成分を表しているため, 第 $M+1$ 主成分は共分散行列 $\boldsymbol{S}$ の $M+1$ 番目に大きい固有値に等しくなる.

3. 1. および 2. より, 題意が示された.

◆問題の解答

• $f(x, y) = xy$, $g(x, y) = x^2 + y^2 - 1$ とする. $g(x, y) = 0$ のもとで $f(x, y)$ の最大値, 最小値をラグランジュの未定乗数法を用いて調べよ.

解答)

$$\max \ xy$$
$$s.t. \quad x^2 + y^2 - 1 = 0 \tag{A.8}$$

この最適化問題を解くため, ラグランジュの未定乗数法を用いる:

$$F(x, y, \lambda) = xy - \lambda(x^2 + y^2 - 1).$$

この式が極値を持つための必要条件は,

$$\frac{\partial F}{\partial x} = y - 2\lambda y = 0$$

$$\frac{\partial F}{\partial y} = x - 2\lambda x = 0$$

であり,(a, b, λ_0) で極値を持つとすればこの 2 式から $a^2 = b^2$ が分かる.
したがって,制約条件 (A.8) より

$$(a, b) = \pm(\frac{1}{\sqrt{2}}, \frac{1}{\sqrt{2}}), \lambda_0 = \frac{1}{2}, f(a, b) = \frac{1}{2}.$$

あるいは

$$(a, b) = \pm(\frac{1}{\sqrt{2}}, \frac{-1}{\sqrt{2}}), \lambda_0 = -\frac{1}{2}, f(a, b) = -\frac{1}{2}.$$

$-1 \leq x, y \leq 1$ を考慮すれば,定義域で $f(x, y)$ は有界である.
よって求めた 2 つの極値がそれぞれ最大値,最小値となる.

- 以下の 2 次正方行列 A の固有値と固有ベクトルを求めよ.

$$A = \begin{pmatrix} 2 & -2 \\ -2 & -1 \end{pmatrix}$$

解答) 求める固有ベクトルを $\boldsymbol{x} = {}^t(x_1, x_2)$,求める固有値を λ としてまず行列 $\boldsymbol{A}$ の固有値を求める.

$$\boldsymbol{A}\boldsymbol{x} = \lambda\boldsymbol{x}$$

よって E を単位行列として

$$(\boldsymbol{A} - \lambda E)\,\boldsymbol{x} = 0 \qquad\qquad (\text{A.9})$$

が導ける.ここで (A.9) 式が自明な解 ($\boldsymbol{x} = 0$) 以外を解として持つには,

$$|\boldsymbol{A} - \lambda E| = 0$$

が必要となる.したがって,

$$\begin{vmatrix} 2 - \lambda & -2 \\ -2 & -1 - \lambda \end{vmatrix} = 0$$

$$(2 - \lambda)(-1 - \lambda) - (-2)^2 = 0$$
$$\lambda^2 - \lambda - 6 = 0$$

が導ける. よって, 固有値 λ はそれぞれ $3, -2$.
この固有値をもとに固有ベクトルを求める.

1. $\lambda = 3$ のときの固有ベクトルを $\boldsymbol{x}_1 = (x_1, x_2)^T$ とする.

$$\begin{pmatrix} 2 - \lambda & -2 \\ -2 & -1 - \lambda \end{pmatrix} \begin{pmatrix} x_1 \\ x_2 \end{pmatrix} = \begin{pmatrix} -1 & -2 \\ -2 & -4 \end{pmatrix} \begin{pmatrix} x_1 \\ x_2 \end{pmatrix} = \begin{pmatrix} 0 \\ 0 \end{pmatrix}$$

よって $x_1 + 2x_2 = 0$. 行列の rank$= 1$ より $x_2 = k_1$ とすると, $x_1 = -2k_1$ となるため, 固有ベクトルは

$$\boldsymbol{x}_1 = \begin{pmatrix} -2k_1 \\ k_1 \end{pmatrix} = k_1 \begin{pmatrix} -2 \\ 1 \end{pmatrix}$$

となる.

2. $\lambda = -2$ のときの固有ベクトルを $\boldsymbol{x}_2 = (x_1, x_2)^T$ とする.

$$\begin{pmatrix} 2 - \lambda & -2 \\ -2 & -1 - \lambda \end{pmatrix} \begin{pmatrix} x_1 \\ x_2 \end{pmatrix} = \begin{pmatrix} 4 & -2 \\ -2 & 1 \end{pmatrix} \begin{pmatrix} x_1 \\ x_2 \end{pmatrix} = \begin{pmatrix} 0 \\ 0 \end{pmatrix}$$

よって, $2x_1 - x_2 = 0$. 行列の rank$= 1$ より $x_1 = k_2$ とすると, $x_2 = 2k_2$ となるため, 固有ベクトルは

$$\boldsymbol{x}_2 = \begin{pmatrix} k_2 \\ 2k_2 \end{pmatrix} = k_1 \begin{pmatrix} 1 \\ 2 \end{pmatrix}$$

となる.

- p 次の対称行列 $\boldsymbol{A}$ には p 個の固有値が存在するが, 異なる固有値 λ_i, λ_j のそれぞれに対応する固有ベクトル $\boldsymbol{x}_i, \boldsymbol{x}_j$ が互いに直交することを示せ.

証明)

$$\boldsymbol{A}\boldsymbol{x}_i = \lambda\boldsymbol{x}_i$$
$$\boldsymbol{A}\boldsymbol{x}_j = \lambda\boldsymbol{x}_j$$

ここで $\lambda(\boldsymbol{x}_i \cdot \boldsymbol{x}_j)$ を変形する.

$$\lambda_i(\boldsymbol{x}_i \cdot \boldsymbol{x}_j) = (\lambda_i \boldsymbol{x}_i \cdot \boldsymbol{x}_j)$$
$$= (\boldsymbol{A}\boldsymbol{x}_i \cdot \boldsymbol{x}_j)$$
$$= (\boldsymbol{A}\boldsymbol{x}_i \cdot \boldsymbol{x}_j)^T$$
$$= \boldsymbol{x}_i^T \boldsymbol{A} \boldsymbol{x}_j^T$$
$$= (\boldsymbol{x}_i \cdot \lambda_j \boldsymbol{x}_j)$$
$$= \lambda_j(\boldsymbol{x}_i \cdot \boldsymbol{x}_j).$$

以上より

$$\lambda_i(\boldsymbol{x}_i \cdot \boldsymbol{x}_j) = \lambda_j(\boldsymbol{x}_i \cdot \boldsymbol{x}_j)$$
$$(\lambda_i - \lambda_j)(\boldsymbol{x}_i \cdot \boldsymbol{x}_j) = 0$$

となるため, $\lambda_i - \lambda_j \neq 0$ より $\boldsymbol{x}_i \cdot \boldsymbol{x}_j = 0$ となる.

参考文献

[1] Anderson E. The Species Problem in Iris. *Annals of the Missouri Botanical Garden* 23:457–509, 1936.

[2] Chambers, J. M. and Hastie H. J. eds., *Statistical Models in S*, Wadsworth and Brooks/Cole, Pacific Grove, CA, 1992.

[3] Date, C.J. *An Introduction to Database Management System*, Addison Wesley, 2003.

[4] Esposito F., Malerba D., and Semeraro G., A Comparative Analysis of Methods for Pruning Decision Tree, *IEEE Transactions on Pattern Analysis and Machine Intelligence*,1997;19, 476–491.

[5] 金森敬文，竹ノ内高志，村田昇，『パターン認識』，共立出版，2009.

[6] 金谷健一，『これなら分かる応用数学教室』，共立出版，2003.

[7] 小西貞則，越智義道，大森裕浩，『計算機統計学の方法―ブートストラップ・EM アルゴリズム・MCMC』，朝倉書店，2008.

[8] 柴田里程，『データリテラシー』，共立出版，2001.

[9] 柴田里程，『データ分析とデータサイエンス』，近代科学社，2015.

[10] 新納浩幸，『R で学ぶクラスタ解析』，オーム社，2007.

[11] C.M. ビショップ，『パターン認識と機械学習（上）（下）』，丸善出版，2012.

[12] 松坂和夫，『集合・位相入門』，岩波書店，1968.

[13] 宮岡 悦良，下川 朝有，『アンサンブル法による機械学習―基礎とアルゴリズム―』，近代科学社，2017.

[14] 武藤佳恭，『超実践 アンサンブル機械学習』，近代科学社，2016.

[15] 柳川堯，『P 値』，近代科学社，2015.

[16] 福島真太朗（2014），R によるハイパフォーマンスコンピューティング，ソシム

索 引

著者紹介

横内　大介 （よこうち　だいすけ）第 1, 2, 3 章担当

2005 年　慶應義塾大学大学院理工学研究科後期博士課程基礎理工学専攻数理科学専修修了，博士（工学）

2005 年 慶應義塾大学理工学部データサイエンス研究室助手，その後，一橋大学大学院国際企業戦略研究科専任講師を経て，現在，同大学院経営管理研究科准教授.
専門分野はデータサイエンス，統計ソフトウェア，計量ファイナンス.

大槻健太郎 （おおつき　けんたろう）第 4 章担当

2015 年　一橋大学大学院国際企業戦略研究科金融戦略・経営財務コース修了，経営修士（専門職）

2003 年 オリックス株式会社に入社し同社営業部，財務部を経て，株式会社 QUICK へ入社. 現在，同社サービスプロダクト本部サービス企画グループ副部長.
専門分野はデータサイエンス，アセットファイナンス.

青木　義充 （あおき　よしみつ）第 5 章担当

2004 年　慶應義塾大学大学院理工学研究科後期博士課程基礎理工学専攻単位取得済退学
2014 年　総合研究大学院大学複合科学研究科後期博士課程統計科学専攻修了，博士（学術）

2004 年 一橋大学大学院国際企業戦略研究科助手，その後，株式会社 QUICK を経て，現在，株式会社エフビズ代表取締役.
専門分野は時系列解析，ベイズ統計学，データサイエンス.

編　集　小山　透　伊藤　雅英

■本書に記載されている会社名・製品名等は、一般に各社の登録商標または商標です。本文中の ©、®、
　TM 等の表示は省略しています。
■本書を通じてお気づきの点がございましたら、reader@kindaikagaku.co.jp までご一報ください。
■落丁・乱丁本は、お手数ですが（株）近代科学社までお送りください。送料弊社負担にてお取替えい
　たします。ただし、古書店で購入されたものについてはお取替えできません。

はっきりわかるデータサイエンスと機械学習

2020 年 5 月 31 日　　　初版第 1 刷発行

著　者　　横内 大介・大槻 健太郎・青木 義充
発行者　　井芹 昌信
発行所　　株式会社近代科学社
　　　　　〒162-0843 東京都新宿区市谷田町 2-7-15
　　　　　電話 03-3260-6161　振替 00160-5-7625
　　　　　https://www.kindaikagaku.co.jp/

© 2020　Daisuke Yokouchi・Kentaro Ohtsuki・Yoshimitsu Aoki
Printed in Japan
ISBN978-4-7649-0612-9
印刷・製本　　藤原印刷株式会社

データ分析とデータサイエンス

著者：柴田里程
B5変型判・272頁・定価（本体3,500円 ＋税）

第I部 データ分析

第1章 データ
第2章 データ分布
第3章 データ分布の代表値
第4章 箱ひげ図
第5章 2変量データ

第II部 データサイエンス

第6章 データサイエンス入門
第7章 個体の雲の探索
第8章 変量間の関係
第9章 変量間の相関
第10章 確率モデル

データサイエンティスト・ハンドブック

著者：丸山 宏・山田 敦・神谷 直樹
A5判・168頁・定価（本体2,500円 ＋税）

第1部 データサイエンティスト
第2部 データ分析の手法
第3部 データ分析を有効活用できる組織

Python 言語による
プログラミングイントロダクション 第2版
— データサイエンスとアプリケーション

著者：John V. Guttag
監訳：久保 幹雄
訳者：麻生 敏正　木村 泰紀　小林 和博　斉藤 佳鶴子　関口 良行
　　　鄭 金花　並木 誠　兵頭 哲朗　藤原 洋志

B5 判・416 頁・定価 4,600 円＋税

最新にして最強‼ MIT 人気講義の教科書、第2版！
大変好評を得ている，MIT のトップクラスの人気を誇る講義内容をまとめた
計算科学の教科書の第2版．今回の改訂では，後半の内容が大幅に増え，新た
に5章追加されている．特に「機械学習」を意識して，統計学の話題が豊富にな
っている．Python 言語を活用して，計算科学を学ぶ読者必携の書！
Python Ver3.5 に対応！